Francisque Bouvet

LA GUERRE

ET LA

CIVILISATION

Elibron Classics
www.elibron.com

Elibron Classics series.

ISBN 1-4212-0388-X (paperback)
ISBN 1-4212-0387-1 (hardcover)

This Elibron Classics Replica Edition is an unabridged facsimile of the edition published in 1855 by E. Dentu, Paris.

LA GUERRE

ET LA

CIVILISATION

PARIS. — IMP. DE SIMON RAÇON ET COMP., RUE D'ERFURTH, 1.

LA GUERRE

ET LA

CIVILISATION

PAR

FRANCISQUE BOUVET

ANCIEN REPRÉSENTANT

« La paix perpétuelle n'est pas une
« idée vaine, mais bien un problème à
« résoudre en avançant toujours de
« plus en plus vers son but. »

KANT, *Principes de droit.*

PARIS

E. DENTU, LIBRAIRE-ÉDITEUR

PALAIS-ROYAL, 13, GALERIE VITRÉE

1855

TABLE

PRÉFACE. III

PREMIÈRE PARTIE.

CHAPIT. Ier. Mission historique et philosophique de la guerre. 1
II. Du droit de guerre dans l'antiquité. — Chez les Indous. 31
III. Du droit de guerre dans l'antiquité. — Chez les Hébreux. 42
IV. Du droit de guerre dans l'antiquité. — Chez les Perses. . 49
V. Du droit de guerre dans l'antiquité. — Chez les Grecs.. . 54
VI. Du droit de guerre dans l'antiquité. — Chez les Romains. 66
VII. Du droit de guerre durant le moyen âge. 86
VIII. Du droit de guerre durant le moyen âge (suite). 112
IX. Le droit de guerre depuis la Renaissance. 127
X. Situation actuelle du droit de guerre en Europe. 155

DEUXIÈME PARTIE.

XI. Nécessité d'un droit public européen et d'une juridiction internationale. 171
XII. L'unité des nations peut être réalisée au moyen d'une diète ou congrès de juridiction. 192

Chapit. XIII. Influence de quelques auteurs spéciaux et des principaux traités de paix dans la question. 205
XIV. Avantages pratiques du congrès des nations. 222
XV. Les puissances occidentales doivent-elles accorder la paix actuellement? 238
XVI. Les légistes, les économistes, les sociétés de paix et les religions dans la question. 260

FIN DE LA TABLE DES MATIÈRES.

PRÉFACE

Nous en demandons pardon au lecteur, ce livre a encore pour objet une question dont nous l'avons entretenu plusieurs fois depuis quinze ans : la pacification de l'Europe au moyen d'une confédération à laquelle les divers États seraient reliés par une diète permanente ou périodique, investie du droit d'arbitrage, et que nous appelons *Congrès de juridiction internationale*, ou tout simplement *Congrès des nations*.

On s'écriera peut-être : Encore des projets de paix quand la guerre déclarée et flagrante menace de devenir générale ! Encore des phrases, après que la question, restée insoluble dans les conférences diplomatiques, ne peut évidemment se résoudre que par l'épée !...

Chacun fait son rôle dans le drame solennel où se jouent en ce moment les destinées du monde ; l'essentiel, c'est que chacun le fasse convenablement. Jamais nous n'avons écrit, jamais nous n'écrirons un mot qui sente la défaillance du cœur et nous rende indigne de notre patrie. Quand nous appelons la paix, c'est dans des conditions d'honneur et de sécurité, sans lesquelles elle serait vaine et mensongère ; et cette paix, nous en poursuivrons la conquête par la guerre elle-même, si nous ne pouvons l'obtenir autrement.

Nous ne devrions pas avoir besoin de faire ici une semblable protestation ; mais il est des personnes qui trouvent commode de juger sans entendre, et c'est pour ces personnes uniquement que nous la faisons.

Qu'est-ce, d'ailleurs, que la guerre? Un fait temporaire, qui a son utilité et aura un terme. Empêche-t-il que l'homme d'étude n'en déplore les calamités, et ne prépare les voies de la paix et les moyens propres à en assurer le maintien dans l'avenir?

Nous ne l'ignorons pas, des hommes zélés (ce sont toujours ceux-là qui gâtent tout) ont, par un sentimentalisme peu éclairé, fait tort à la cause que nous défendons, et l'auraient rendue ridicule, si elle n'était pas ce qu'il y a de plus sérieux et de plus digne de l'attention générale. Nous demandons, en conséquence, à être jugé d'après nos œuvres et en dehors de toute solidarité. Ce n'est pas une question de pure morale et de sentiment abstrait que nous traitons; c'est une question de droit public et de civilisation.

Nous examinons, dans ce nouveau livre, quel

a été le caractère des guerres dans l'antiquité, quelle place elles ont laissée au droit des gens ou de l'humanité? Nous poursuivons notre sujet à travers le moyen âge et la Renaissance jusqu'à nos jours. Il ressort de notre examen que dans l'antiquité le droit de la guerre est plus ou moins absolu et interprété dans le sens terrible de cette sentence du chef gaulois : *Malheur aux vaincus!* Dans l'antiquité, on tue pour tuer, on fait la guerre par esprit de conquête et de rapine, et l'esclavage est considéré comme une amélioration notable de ce droit, car le vainqueur pouvait donner la mort au vaincu. Avec le temps, néanmoins, les Grecs et les Romains se perfectionnent, et leur civilisation adoucit le caractère et les maux de la guerre; ils font des traités de paix et connaissent le droit des gens.

Durant le moyen âge, la guerre a repris le caractère d'un fait incohérent et fatal. Les peuples s'y ruent dans le sang à la suite des chefs barbares qui ont détruit la civilisation romaine. La féodalité est une longue suite de guerres, où les combattants se surpassent en férocité. Le christianisme s'efforce vainement d'adoucir des mœurs si rudes; le matérialisme déborde l'inspiration religieuse; la fureur des combats, l'esclavage même, résistent. Mais on sent que le dogme chrétien a déposé son germe dans cette fange affreuse et qu'il donnera des fruits le jour tardif où des réformes salutaires auront rendu la liberté à l'esprit humain.

L'époque de la Renaissance arrive enfin ; des casuistes, tels que Thomas d'Aquin, Vasquez, et notamment Vittoria, ont passé en exposant les vérités de la morale. Albert le Grand, Albéric Gentil, Selden, en déduisent confusément un droit des gens. — Puis arrive, au commencement du dix-septième siècle, Grotius. A partir de cet auteur, le droit des gens constitue une science expérimentale et positive. Puffendorf, son disciple, commente et développe ses principes, et a pour successeur Wolf et plusieurs autres.

De même que l'idée d'un droit des gens était découlée, logiquement, des notions de la morale, ainsi l'idée d'une juridiction internationale devait nécessairement découler des notions du droit ; car qu'est-ce qu'un droit qui n'a pas une institution juridique pour le mettre en pratique?

Vattel est le premier, parmi les auteurs purement juristes, qui ait aperçu un état de choses dans lequel les diverses nations vivraient sous une juridiction commune propre à régler leurs différends. Mais cet excellent auteur n'ose s'arrêter à cette pensée. Après l'avoir contemplée avec amour, il s'écrie : C'est un *rêve* impossible à réaliser ; *d'aveugles intérêts particuliers s'y opposent!...*

Ancillon, qui vient après, montre plus de confiance ; il trouve possibles la rédaction d'un code international et les moyens de rendre exécutoire une loi qui serait commune aux Etats. Enfin Martens, l'auteur positif par excellence, trouve facile ce qu'Ancillon ne trouve que possible.

A côté de tels auteurs, spécialement versés dans le droit des gens, s'en rangent d'autres qui font une part encore plus large à la philosophie de la question, et qui indiquent la forme qu'ils entendent donner à la juridiction internationale. Nous y voyons William Penn, l'abbé de Saint-Pierre, J.-J. Rousseau, Bentham, l'illustre Kant, et une longue série d'autres, sans parler des auteurs qui ont aperçu, en passant seulement, la question, tels que Leibnitz, Bacon, Barbeyrac, Fénelon, Massillon.

Le lecteur verra quelle a été l'opinion du plus grand génie du siècle, Napoléon Ier, sur ce sujet, au témoignage d'un auteur fait pour lui donner un prix inestimable dans les circonstances où nous écrivons. Enfin nous dirons le rôle que l'idée dont il s'agit a joué dans les congrès diplomatiques, depuis ceux de Munster et de Westphalie jusqu'à celui de Vienne ; et, en voyant quelles sont les autorités à la suite desquelles nous marchons, les lecteurs sérieux approfondiront le sujet, et partageront, nous l'espérons, nos convictions.

PREMIÈRE PARTIE

CHAPITRE PREMIER

MISSION HISTORIQUE ET PHILOSOPHIQUE DE LA GUERRE.

Les historiens nous ont montré, à l'époque de la décadence de l'empire d'Orient, un général de l'empereur Maurice, qui, au moment de livrer bataille aux Arabes, se mit à pleurer sur le sang qui allait être répandu. Ce n'est point, certes, avec ce sentimentalisme efféminé (bien que nous soyons un *ami de la paix*) que nous envisageons le terrible et imposant aspect de la guerre régulière. Nous ne ferons pas pour notre patrie et pour les autres nations civilisées ce que fit Tertullien avec son livre *De Coronâ militis* au sein d'une civilisation corrompue, il est vrai, mais qu'il était néanmoins imprudent d'énerver en face des barbares armés qui la menaçaient, car cette civilisation contenait des institutions précieuses (1).

A voir le rôle que la guerre a joué dans l'humanité avec l'assentiment universel des peuples et la participation de génies du premier ordre; à observer les convictions qui, parfois, s'y sont rattachées, il est impossible de supposer qu'elle est un agent purement fatal, inorganique, insocial et en dehors des desseins secrets de Dieu. La guerre, par un phénomène singulier, a contribué, à des

(1) L'écrit de Tertullien disait nettement que tout homme qui portait les armes cessait, par cela seul, d'être chrétien. Cette doctrine, posée d'une manière absolue, se répandit avec la rapidité et l'autorité que lui donnait le nom de ce docteur, illustre à tant de titres dans la primitive Église; et, comme les armées romaines contenaient beaucoup de soldats chrétiens, il en résulta des désertions en masses. C'est à ce funeste enseignement, exagéré encore par des adeptes, qu'il faut particulièrement attribuer le peu de résistance que rencontrèrent sur plusieurs points les invasions des Barbares, et l'énervement général qui fit le caractère des chrétiens du Bas-Empire et les livra comme des troupeaux au sabre des mahométans.

époques où d'autres modes d'action manquaient, à rapprocher les hommes en les ralliant sous la même bannière, en leur soufflant des passions semblables, en rendant leurs dangers communs. Elle a mis en évidence, avec l'énergie physique de l'homme, les plus sublimes sentiments de son âme. L'antiquité resplendit sur ce point de traits et de caractères qui n'ont rien perdu à travers les temps de leur célébrité et de leur gloire. Les guerres des peuples d'Asie, celles des Grecs, des Romains, des Gaulois, des Carthaginois, sont encore l'objet d'appréciations graves dont la postérité juge la moralité et la grandeur d'après le but pour lequel elles furent entreprises. L'histoire dit ce que furent, par l'ambition ou par le dévouement, Cyrus, Alexandre, César, Annibal, Constantin, Léonidas, Thémistocle, Julien, Horatius Coclès et autres guerriers d'une haute illustration.

Sur un plan moins éloigné de nous, un tableau parfois digne d'intérêt est celui que nous présente cette ancienne chevalerie qui fut le bras droit des nations et des sociétés chrétiennes à leur naissance. Le chevalier portait la loi au bout de son épée et se faisait pardonner l'autorité qu'il s'arrogeait par le sacrifice volontaire de son sang, toujours prêt à couler pour de nobles causes. Sans cesse armé pour la patrie, sa mission était de la défendre et de mourir à son service. C'est là ce qui donna une si haute influence morale à la chevalerie du moyen âge. Aussi nul, fût-il de sang royal, n'était exempt de se faire armer chevalier. Des rois descendaient les marches du trône pour recevoir l'investiture militaire : François Ier était armé chevalier par Bayard.

Il y avait là un puissant mobile, dans des siècles de barbarie, soit pour les facultés de l'âme, soit pour l'énergie physique; mais ce qui rend surtout admirable l'autorité de la chevalerie, abstraction faite des abus, c'est qu'elle avait pour principe une religieuse abdication de soi-même, une disposition constante au dévouement, au sacrifice, à la charité. Tels étaient les chevaliers de Saint-Jean de Jérusalem, les chevaliers de Malte et autres; on leur avait enseigné à se dévouer pour la patrie et pour la foi; ils obéissaient sans murmure à l'appel de l'honneur ou de la liberté opprimée et mouraient en héros : c'est ainsi qu'ils devinrent le véritable type du soldat.

L'histoire de tous les peuples de l'Europe offre des traits d'héroïsme dignes d'admiration. Mais la nôtre est surtout riche en ce genre. Rappeler dans la guerre de trente ans le dévouement du chevalier d'Assas ; à la bataille de Fontenoy, le mot de d'Anteroche, ou, dans la campagne d'Italie, l'exemple de Bayard, c'est évoquer la plus noble et la plus pure gloire après celle de Jeanne d'Arc.

La chevalerie passa ; le gentilhomme ne fut plus exclusivement le bras droit et le défenseur des nations. Peu à peu l'esprit militaire descendit dans la bourgeoisie et dans les masses du peuple. Mais l'esprit de la chevalerie survécut et trouva asile jusque dans le cœur du dernier soldat. A Laweld, un carabinier nommé Aude, ayant fait prisonnier un général anglais, refuse de le laisser aller pour un trésor. Un caporal du régiment de Mirabeau se laisse couper le poing plutôt que de s'avilir à nommer des camarades qui se sont battus en duel. Plus tard, les traits d'héroïsme de toute sorte deviennent si nombreux, qu'ils perdent pour ainsi dire leur caractère personnel et ne sont plus que des traits dont chacun se sent naturellement capable : ils appartiennent à un régiment, à l'armée entière, à la nation et enfin à l'humanité. Demandez à un enfant quels sont les mots prononcés sur le pont d'Arcole, au pied des Pyramides, à Waterloo, il vous le dira.

Nos guerres de la République et de l'Empire, particulièrement, ont popularisé l'héroïsme : « Capitaine, combien de temps pouvez-vous me répondre de ce poste avec vos deux cents hommes en vous faisant tuer jusqu'au dernier? — Deux heures, mon colonel..... — Colonel, vous allez attaquer cette redoute. Vous y serez tué, mais nous l'emporterons. — Vous serez content, général. »

Tel est, à un point de vue purement viril et héroïque, le progrès qui s'est fait de haut en bas; voilà comment l'esprit de l'armée s'est formé. Mais, au point de vue de la civilisation et de la liberté, l'observation porte sur des faits encore plus satisfaisants, s'il est possible.

Lorsqu'au moyen âge tout était division, isolement, la guerre a créé l'esprit national, la confraternité des hommes d'armes ; elle a confondu les rangs en présence de la mort et préparé l'émancipation des classes inférieures en leur révélant le secret de leurs forces. Bien plus, il est arrivé qu'à certaines époques elle a retrempé les mœurs et ranimé l'énergie des populations énervées par l'oisiveté ; elle a surtout exalté le sentiment de l'honneur, ce mobile si puissant et si précieux des sociétés modernes.

Je ne parle, bien entendu, que d'une guerre que chacun, à son point de vue, croit juste, et qui reconnaît certaines règles nées de la morale ou du droit des gens. Celle-là marche droit à son but, elle frappe, le sang coule, et, si elle m'attriste et confond ma raison, elle me laisse du moins des compensations morales nées de l'aspect imposant des périls, du mépris de la mort et de l'immolation personnelle ! Là, point de haine en général et toujours de l'héroïsme. Après une bataille, on soigne fraternellement les blessés ennemis, on ensevelit pieusement les morts ; c'est une page de plus dans la grande épopée humaine, une page quelquefois grande comme celles d'Ossian et d'Homère.

Telle est la justice à rendre à la guerre proprement dite; elle a sa mission, aux époques rudimentaires, dans la formation sociale. C'est là ce qui fait la légitimité des armées et la dignité du soldat; et voilà pourquoi l'histoire n'aura point à les renier dans une ère de paix universelle, mais à les associer au contraire aux plus glorieux travaux du génie civilisateur de l'humanité. Partout où l'armée et le soldat ont constitué la force, non pas comme principe, mais comme agent docile des conventions et des lois, ou, selon l'expression de Pascal, rendu la force juste et la justice forte, ils ont bien mérité des sociétés.

L'école matérialiste, qui a encore une grande part d'influence dans la diplomatie européenne, n'a pas rendu un tel hommage à l'élément militaire, même en prenant sa défense et en l'érigeant en une sorte de principe fatal. Elle a voulu que la force fût une puissance légitime par elle-même, et indépendamment de toute intervention et supériorité de la morale, de la raison et même du droit. N'était-ce pas faire de l'armée des bandes de bêtes féroces, et un bourreau du héros lui-même?

Chose singulière! les philosophes de l'école matérialiste se sont rencontrés sur ce terrain stérile avec les partisans du dogme de la malédiction éternelle. De Bonald, Joseph de Maistre, y donnent la main à Hobbes, à Spinosa, à Machiavel, à Hégel. Qu'on me permette de dire deux mots de ces grands auteurs sur la question même que nous traitons.

Hobbes et Spinosa professent également que « tous les hommes ont un droit naturel à toutes les choses, et que chaque société politique a le droit d'agir d'après sa convenance envers les autres peuples *avec qui elle est censée vivre en perpétuel état de guerre.* » Ils soutiennent cette détestable maxime d'Aristote, que « les nations ne sont obligées à observer les traités qu'*aussi longtemps que leur intérêt l'exige,* » opinion que Machiavel a émise également.

Hégel, le rival de Kant, a suivi la même voie; il repousse toute idée d'arbitrage entre les nations, comme *opposé à l'ordre naturel des choses.*

« La guerre, dit Hégel, est *un état de choses où la santé des nations est conservée par l'action, comme les eaux de la mer sont préservées de la corruption par le souffle des tempêtes*. L'histoire, selon lui, témoigne que *la guerre corrobore les forces d'un État en dirigeant son activité au dehors, et en empêchant ainsi les troubles civils...* »

De Bonald n'a pas professé des opinions moins sceptiques à ce sujet. Il a pensé qu'une juridiction internationale était chose *hors de nature*, attendu, dit-il, qu'un tribunal suppose une force supérieure à celle des parties pour les soumettre au jugement prononcé, et qu'il ne voit pas où serait cette force. Cet auteur reproduit hardiment cette maxime à la fois atroce et vulgaire, que « *la guerre est nécessaire pour retremper et entretenir l'énergie des hommes et des nations...* » Enfin l'honnête de Maistre, cet esprit intéressant jusque dans ses excentricités et sublime alors même qu'il ne prophétise que le passé, est tombé à dire, lui aussi, que « *la guerre est l'état habituel du genre humain*, et que *la paix pour chaque nation n'est qu'un répit...* » Il n'a pas hésité à comparer le soldat au bourreau et à faire de l'un comme de l'autre la pierre fondamentale des sociétés. « Le sang coulera toujours jusqu'à la mort » de la mort! Telles sont les paroles qu'il laisse tomber de sa plume. L'humanité est une victime toujours saignante, et le sacrificateur, comme un génie fatal, c'est le soldat, c'est l'armée!...

Je le demande à tant de braves qui portent l'épée chez tous les peuples de l'Europe, ont-ils accepté le rôle que leur font ainsi jouer des représentants de la fatalité et du fanatisme, coalisés dans cette monstrueuse erreur? Se voient ils avec satisfaction les instruments passifs de ce destin aveugle de l'antiquité qui leur fait battre d'autres hommes comme les vents battent les flots de la mer, ou dirigeant leur énergie et leurs forces hors de leur patrie, faute de savoir les lui rendre profitables au dedans? Se reconnaissent-ils dans le rôle de grands exécuteurs d'un Dieu toujours furieux contre l'humanité, depuis le péché d'Adam et d'Ève, et d'automates faisant métier d'égorger leurs semblables pour les purifier de la faute des premiers parents? comme si le Rédempteur n'était pas venu!

Tout brave repousse assurément de telles erreurs. Les morts eux-mêmes protestent : mânes des guerriers de Léonidas, de Clovis, de Charles Martel, de saint Louis, de Gustave-Adolphe, de la Révolution française et de Napoléon, vous protestez; et ce n'est point pour une œuvre vile que vous versâtes votre sang et que vous tombâtes sur les champs de bataille avec le sentiment de la gloire et la conviction de l'immortalité. Pauvre opinion, en effet, que celle qui suppose qu'il n'y avait rien de providentiel et de social dans des journées comme celles de Salamine, de Marathon, des Thermopyles; et que Clovis à Tolbiac, Charles Martel dans les plaines de Tours, Sobieski sous les murs de Vienne, ou Dumouriez dans les défilés de l'Argonne, ne firent que des actes d'énergie matérielle! Ces événements solennels portaient dans leur sein les principes mêmes des sociétés anciennes et modernes. La civilisation de la Grèce, le christianisme, la Révolution française, à des époques différentes, y ont trouvé leur salut.

La destinée de la guerre est de suivre les phases de la civilisation, à laquelle elle appartient par des services rendus. Elle a compris, par un sentiment d'honneur, qu'elle devait s'associer au progrès général, qui mène les sociétés à une paix définitive; car sans cela elle eût perdu les fruits et le caractère même de sa mission. Aussi l'art militaire n'est-il resté en arrière d'aucune autre profession dans la carrière des études. Partout où vont nos armées, la science marche avec elles; et elles l'élèvent à une hauteur et à une précision qui en font des rivales de nos académies. Il n'est pas rare de rencontrer parmi nos officiers des hommes à qui les discussions scientifiques et philosophiques sont familières aussi bien que l'art auquel ils se sont spécialement voués. C'est là un fait d'une haute importance à constater; il prouve l'invincible progrès de l'esprit sur la matière et sa constante tendance à revêtir toutes les formes pour donner la civilisation au monde et lui imprimer sa direction.

Aussi sommes-nous arrivés à ce point qu'on peut dire aujourd'hui, en présence de nos armées elles-mêmes et avec l'adhésion des braves qui les composent, que la guerre est un mal dont souffrent également les intérêts et l'humanité. — « Il n'y a plus de guerres de conquêtes; la morale des États les réprouve : » c'est un prince qui a porté récemment cette noble parole en tirant l'épée pour protéger le faible contre le fort et couvrir les intérêts généraux de l'Europe. Où donc reste encore en vigueur la guerre, c'est-à-dire l'agression conquérante? Une seule nation en Europe l'a crue possible de nos jours, et son erreur a causé la perturbation du monde entier. S'il n'y a plus de guerres de conquêtes, il n'y a plus de guerres du tout; car nous ne pensons pas que les guerres de religion ou de succession princière puissent renaître. Nous ne serions donc pas très-éloignés d'une ère ou les armes n'auraient plus pour mission de trancher aveuglément les plus hautes décisions du domaine international, qu'elles ne résolvent jamais à la satisfaction générale et d'une manière définitive.

Il semble en effet que déjà, pour l'Europe occidentale tout au moins, la guerre ne soit plus un agent nécessaire de civilisation. Ses agents de civilisation sont les sciences, la presse, la vapeur, l'électricité, le commerce, et surtout la sympathie toujours croissante et chaque jour plus chrétienne des peuples entre eux. Le temps approche sans doute de voir reconnu et régnant sur les esprits ce principe posé par Bacon il y a deux siècles : « Le vrai pouvoir des sociétés humaines, c'est l'intelligence; il s'élève et s'abaisse avec elles! »

Et, en effet, il y a une puissance intellectuelle qui acquiert de jour en jour plus de force et d'extension; il y a une opinion publique, une pensée collective plus puissante que le sabre et le canon. Mais l'armée constitue la force publique des États; elle est le bras droit de la loi qu'elle sait faire respecter et exécuter. C'est là son rôle normal, rôle vraiment magistral et honorable dans sa distinction. On a dit : Supprimons les armées! C'était une exagération; on ne supprime point des éléments sociaux qui ont leur racine et leur séve dans la création universelle; ils se modifient à travers les siècles, sous l'influence des doctrines dominantes, et subissent des directions plus ou moins utiles, selon le degré de sagesse ou d'ignorance des générations. Les armées ne seront pas supprimées, car ce serait une castration véritable du corps social; elles seront restreintes aux proportions constituant physiologiquement la force et la virilité des États. La paix ne les privera point d'acquérir une gloire dont elles sont justement avides. Le champ de la civilisation est vaste, et il ne nous sera pas difficile de dire, en terminant ce livre, combien la patrie peut devoir, au sein de la paix, de glorieux services à ses armées, devenues de jour en jour plus intelligentes et plus dévouées à la splendeur et à la prospérité de la nation.

Nous ne nous abusons point, toutefois, sur la contradiction que les événements actuels semblent apporter à nos prévisions. Certes, l'aspect de l'Europe entière sous les armes serait de nature à ébranler nos convictions si elles étaient placées uniquement au point de vue actuel et renfermées dans le cercle étroit d'un fait accidentel. La guerre d'Orient ne change point nos convictions sur l'avenir pacifique réservé à la famille européenne. Elle a contribué à le hâter, d'abord en éclaircissant la situation générale et dissipant les doutes qui pouvaient exister sur la force respective des États; ensuite en démasquant l'ambition moscovite, qui consiste à vouloir dominer le monde, et en faisant comprendre à la plupart des États occidentaux la nécessité de se coaliser et de former une confédération pour la sûreté commune. Et pourquoi n'ajouterions-nous pas que le cabinet de Saint-Pétersbourg lui-même, réveillé au contact de la lumière qui s'est faite sur ses projets, ne saurait tarder à reconnaître que la politique d'une suprématie universelle était bonne à rêver dans les âges héroïques, mais que la civilisation a créé pour les nations d'autres moyens de marcher en bon ordre à leur fin sociale, et que persister dans la réalisation d'un tel projet n'est plus qu'un anachronisme indigne d'un grand État? Et, en effet, la Russie, pas plus qu'aucune autre nation du monde, ne peut raisonnablement songer à une suprématie exclusive. Mais ce que peut la nation russe pour ne le céder à aucune autre, c'est de civiliser et fertiliser un empire qui a déjà beaucoup d'étendue territoriale, et qui, pour ce qui touche à son expansion commerciale au dehors, peut en trouver la facilité dans une légitime part des libertés générales, et, tout exceptionnellement, du côté de la Tartarie chinoise, où elle est appelée à porter une civilisation relative.

Cette guerre, qui est venue surprendre l'Europe au sein de ses travaux pacifiques, aura encore contribué à rendre la paix chère à des générations intelligentes, soit en leur mettant sous les yeux l'horreur des spectacles sanglants et des mille misères qui accompagnent nécessairement les expéditions militaires, soit en faisant sentir partout la gêne commerciale et les dangers inséparables d'un état de choses qui tient en suspens la vie de toutes les nations. Combien de familles sont déjà en deuil! Combien d'autres se voient livrées aux insomnies de la crainte la plus légitime! Combien de fortunes mises en souffrance ou bouleversées, sans parler de la fortune publique des divers États! Qui ne voit aujourd'hui que, de part et d'autre, la guerre entraîne des conséquences aussi ruineuses qu'inhumaines? Trois millions d'hommes sont en ce moment sur le pied de guerre en Europe, et ce sont les plus valides, les plus propres au travail et à la procréation. Les voilà qui vont s'égorger, non par passion personnelle, haine ou vengeance, mais par ordre et machinalement, s'efforçant d'ennoblir un forfait épouvantable par l'accomplissement du devoir, et le faisant de part et d'autre avec un héroïsme qui prouve assez qu'ils sont de race égale et faits pour vivre en paix, car ils s'estiment. Ceux qui sont restés au foyer sentent peser sur eux, avec le chagrin de l'absence, le fardeau du travail. Demandez aux campagnes, en particulier, ce qu'elles souffrent. Combien d'enfants enlevés aux pauvres parents qui les ont élevés pour être le soutien de leurs bras affaiblis! Et cependant il faut cultiver le champ, car il faut vivre; il faut aussi payer l'impôt, et le payer plus fort, car la guerre l'accroît rapidement, sans compter qu'elle crée d'énormes charges pour l'avenir : les pensions de retraite, les cadres d'état-major et d'officiers, l'intérêt des emprunts, le soin à donner aux armes et aux arsenaux et à une foule d'industries destructives qu'il faut encore entretenir. L'agriculture, en particulier, aura souffert chez nous de cette guerre, et nous le déplorons d'autant plus que c'est par cet élément que la France serait faible si elle pouvait l'être.

Quand on a vu toutes ces choses comme tout le monde les voit aujourd'hui, et quand le sentiment public en parle avec autant d'unanimité, l'ère de la guerre est tout à fait modifiée. On peut combattre encore, mais ce n'est plus légèrement et par fanfaronnade : il faut qu'on y soit contraint par la dure nécessité d'une légitime défense, comme celle qui a mis les armes à la main aux puissances alliées. Bien plus, il devient impossible aujourd'hui de cacher à l'opinion publique les véritables causes qui donnent lieu à la guerre, et on ne précipite plus les peuples les uns contre les autres pour des ambitions secrètes, masquées d'un prétexte capable de les fanatiser, comme a encore essayé de le faire la Russie avec la prétendue *orthodoxie* de ses empereurs.

Une condition nécessaire de la guerre, c'est la haine et les passions. Or nous ne voyons la haine ni entre les souverains ni entre les peuples. L'empereur Nicolas a assurément commis une grande faute et causé beaucoup de mal dans ces derniers temps; eh bien, sa mort a été un événement solennel, utile peut-être, mais dont personne ne s'est réjoui. Des crieurs avaient imaginé d'en faire leur chanson dans les rues de Paris; le préfet de police fait pourchasser cette canaille, et tout le monde applaudit. Une fête était préparée aux Tuileries; elle est aussitôt supprimée, et le public y reconnaît un acte de haute convenance, conforme aux mœurs d'un peuple civilisé. La presse elle-même s'est montrée unanime pour faire abstraction de la personnalité, dans le jugement qu'elle a porté sur l'ambition de ce monarque, devenu l'incarnation vivante d'une politique vieille de près de deux siècles, et empreinte de l'esprit encore barbare des descendants de Pierre Ier. Tout en condamnant hautement cette politique, elle a rendu justice, comme il convenait, au caractère élevé qui marque à l'empereur Nicolas une brillante place dans l'histoire des souverains de son pays.

Ce qui se passe en ce moment en Crimée et sous les murs de Sébastopol est bien digne de remarque et d'admiration. Jamais assurément l'héroïsme militaire ne se montra avec plus d'éclat entre des armées. Eh bien, est-ce là une guerre? Non, c'est de la chevalerie en grand; c'est un tournoi dans lequel de nobles champions cherchent à se surpasser et jouent leurs têtes pour l'honneur du drapeau et de la patrie, qui, de part et d'autre, a les yeux fixés sur leurs efforts et encourage leur valeur.

Je ne sache pas, parmi nos poésies modernes, des pages plus remplies de simplicité touchante, de grâce naïve ou d'énergie sublime que beaucoup de ces correspondances qu'ont publiées les journaux et qui avaient été écrites au milieu des événements et sous l'inspiration du moment, comme des peintures faites d'après nature. Des souffrances inhérentes à la guerre, des maladies meurtrières, des rigueurs d'une saison cruelle, à peine quelques mots en passant, adoucis par de pittoresques descriptions des inconvénients qui en sont résultés. Chacun raconte à son point de vue la brillante victoire de l'Alma, le sanglant combat d'Inkermann ou les périlleuses expéditions nocturnes faites contre la place. Des traits d'un héroïsme antique sont rapportés comme la chose la plus ordinaire, et l'on semble comprendre que nos soldats en sont tous plus ou moins capables. Jamais un mot contre l'honneur des armes ennemies; la justice veille à côté de la bravoure dans les cœurs des fils de la France et de l'Angleterre, et y témoigne des sentiments de sympathie internationale que la civilisation y a fait germer.

Il n'est pas jusqu'à des incidents insignifiants en apparence qui n'aient pour nous une profonde signification. Quelques soldats français ont été à la découverte pour faire du bois de feu; ils trouvent trois chevaux que des cosaques ont laissés attachés à un arbre. Ils auraient pu les prendre et les emmener. Ils réfléchissent que les cosaques sont sans doute, eux aussi, dans la forêt à chercher du bois, et que la capture des chevaux n'est propre qu'à amener des représailles ultérieures. Que font-ils? ils font tout le contraire d'un acte d'hostilité, ils laissent de petits cadeaux, biscuit et cigares sur les lieux, et s'en vont. Retournés le lendemain au même lieu, ils y trouvent des remerciements écrits avec cette note: « Si vous avez du pain, nous le préférerions aux biscuits. Les soldats français ne manquent pas de porter leur ration de pain à ces hommes qu'ils appellent leurs ennemis.

Dans les tranchées mêmes de Sébastopol, entre les travaux et la place, une volée d'outardes traversait les airs. On tire dessus du camp des assiégeants, on tire également de la place, et il tombe quatre de ces oiseaux à terre. Qui les relèvera et en fera son profit? La chose est toute simple : un officier français s'improvise parlementaire, ramasse les volatiles, en porte deux aux Russes, revient avec les deux autres, et, de part et d'autre, on se salue et l'on applaudit.

Devant Eupatoria, voici ce qui arrive : Des officiers avancés dans la campagne rencontrent un groupe de Russes. Ce sont aussi des officiers. On se fait signe, on s'approche, on se parle. Deux d'entre eux se reconnaissent; ils parlent de Paris, du boulevard des Italiens, de l'Opéra, des amis! ils soupirent et déplorent de concert les exigences de la guerre. Cette entrevue a laissé une profonde impression de part et d'autre. Le lendemain, sans s'être donné rendez-vous, les mêmes officiers se rencontrent encore dans la campagne, ils se font des cadeaux réciproques;

Omer-Pacha, qui a appris que les officiers russes manquent de vin de Champagne, leur en fait aussitôt un envoi.

Telle est la disposition d'esprit des divers peuples que la guerre entraîne aujourd'hui les uns contre les autres. Certes, nous n'avons oublié ni les Bayard, ni les Turenne, ni François Ier. Mais nous observons que ce n'est que de nos jours que la courtoisie est descendue des premiers rangs aux proportions générales en s'y associant à cette invincible sympathie.

D'un autre côté, d'assez grands efforts ont été faits contre cette guerre par l'opinion publique et par la diplomatie elle-même. Tout le monde s'est élevé contre elle dès le jour où elle a osé se montrer pour troubler la paix. Et, quand un fait aussi général se manifeste, quand l'auteur de cette perturbation générale lui-même n'a point osé assumer la responsabilité, et qu'il s'en est au contraire défendu de toutes ses forces, où donc est de nos jours l'opinion de la guerre? Qui pourra dire que la guerre soit encore un élément nécessaire de civilisation?

Pour juger des questions d'une si haute importance, il faut, de bonne foi, être attentif aux *signes du temps*. La guerre, ainsi que nous l'avons dit, a eu son utilité, et, au moment où nous parlons, elle l'a encore. Mais la gloire que les armes ont acquise dans la guerre d'Orient consiste principalement en ce que le but de la guerre a été clairement défini dès le principe, et que ce but a obtenu l'adhésion générale, et l'a revêtue d'un caractère de moralité.

Je ne sais si l'on a généralement aussi observé la transformation qui s'est opérée dans les principes du droit internationnal à l'occasion de cette guerre, et les avantages qu'en aurait recueillis le monde, à supposer seulement que la paix se fit sur la base des quatre garanties proposées par les puissances alliées. Cette transformation, qui date, à notre avis, une phase nouvelle dans le progrès du droit des gens, porte sur quatre points très-essentiels :

1° L'intérêt privé, base du droit ancien, a été remplacé par la proclamation de l'intérêt général.

2° La paix et la civilisation ont été reconnues comme le but de la guerre.

3° La protection du faible contre le fort et l'indépendance des États a pris plus de consistance dans l'énoncé du droit de la guerre.

4° Le protectorat ou la suzeraineté qu'un souverain s'était arrogé par la force et sous prétexte de religion sur un autre souverain a passé purement et simplement dans le domaine du droit des gens. Ajoutez à ces conquêtes la liberté de la mer Noire (et de la mer Caspienne probablement), celle du Danube et des Dardanelles, l'abolition du droit de visite en faveur des neutres, et vous aurez une idée des résultats politiques de la guerre d Orient.

Ce sont là des progrès qui marqueront en lettres d'or dans l'histoire. Nous en sommes fiers, car c'est la France qui en a pris l'initiative et en poursuit particulièrement le triomphe.

Ainsi marchent les idées issues de la révolution de 1789, toujours libérales et bienfaisantes, dans le sens universel et chrétien. On les croit étouffées sous la main qui les refrène, on en désespère, et voyez-les rayonner plus vives sur l'Europe et sur le monde, non pas en simples théories, mais incorporées à des faits positifs et soutenus par toutes les forces accumulées dans l'Europe occidentales durant quarante années de paix !

Aux époques de barbarie, la guerre sert à trancher des questions qui sans elle resteraient insolubles entre les nations, attendu que la justice ne trouve pas encore accès dans la raison des hommes. Mais elle n'est plus utile alors que les hommes d'État sont devenus des êtres intelligents et moraux ; elle ne peut que porter la perturbation dans les sociétés une fois qu'elles sont arrivées à un certain degré de développement intellectuel et commercial.

La charrue est indispensable pour défricher le champ ; mais, lorsque la semence a germé et qu'on en attend la récolte mûrie, si la charrue recommence son œuvre, elle détruit tout. Voilà comment il faut comprendre la destinée providentielle et philosophique de la guerre par rapport à la civilisation.

Et pourquoi ne reconnaîtrait-on pas consciencieusement une vérité si manifeste, et que la plupart des souverains, en ce moment, paraissent reconnaître comme nous ? N'est-ce pas là une question qui touche à la responsabilité morale de tous les hommes d'État, en même temps qu'à tous les intérêts sociaux?

La vérité est que les nations ont leur source en Dieu comme les individus. Chacune a sa fonction dans la tâche assignée au genre humain. Les peuples s'organisent d'abord d'une manière exclusive, se concentrent sur eux-même pour se développer ensuite avec plus d'énergie. L'isolement ou la guerre est, durant des siècles, la loi de leur existence; elles mesurent leurs forces, assurent leur individualité, après quoi elles éprouvent le besoin de se concilier et d'entrer en rapports pacifiques. C'est de cette manière que se forment les nationalités, et que les peuples acquièrent un rang et une importance relatifs. Mais, quand cette période de travail individuel est achevé, il en faut nécessairement un autre pour but de leur activité naturelle, et le travail ne peut plus se faire que par une association qui élève les nations à l'état de société dans l'humanité, comme les individus ont été élevés à l'état civil au sein de chaque nation.

C'est ainsi que les peuples accomplissent le

mouvement de leur destinée providentielle, sous la loi d'un progrès qui est la loi de l'humanité. Le principe qui les régit, principe qui régit la création tout entière, est l'*unité dans la variété.*

Nous voulons justifier les prévisions que nous venons d'exposer d'une ère pacifique non éloignée, en faisant voir que la guerre, qui fut atroce dès les premiers âges, et incessante presque jusqu'à notre siècle, a perdu avec le temps et graduellement son caractère brutal et sa fréquence, sous l'influence particulièrement du christianisme, ravivé par la philosophie, et qu'elle est de nos jours déjà absolument contraire aux vœux comme aux intérêts des peuples civilisés. Nous allons, pour cet examen, assez curieux, remonter aux sources les plus reculées de l'histoire, sans nous y arrêter au delà de l'utilité.

CHAPITRE II

DU DROIT DE GUERRE DANS L'ANTIQUITÉ.

CHEZ LES INDOUS

En comparant les institutions et les mœurs des diverses époques, on a la mesure du progrès social. N'est-il pas curieux, en effet, quand nous agitons si vivement des questions comme celles des droits de guerre et de paix, de barbarie et de civilisation, de savoir quelle était, sur des questions d'une si haute importance, l'opinion des peuples qui eurent une civilisation dans l'antiquité, tels que les Indous, les Hébreux, les Perses, les Grecs et les Romains?

Les brâhmanes considéraient la guerre comme

extrêmement illogique et chanceuse. « On ne prévoit jamais, dit la loi de Manou, de quel côté sera la victoire. Le roi doit donc, autant que possible, éviter d'en venir aux mains ; il vaut mieux négocier, corrompre, fomenter des dissensions.....

« Le roi doit considérer comme ennemi tout prince qui est son voisin immédiat, et comme ami le voisin de son ennemi, et comme neutre tout souverain qui ne se trouve pas dans l'un de ces deux cas..... Un souverain profond politique doit mettre en œuvre tous les moyens pour que les autres, ses alliés mêmes, n'aient aucune supériorité sur lui. »

Les moyens que l'ambassadeur doit employer pour remplir une mission étaient déjà connus du temps de Manou. « Dans les négociations avec un roi étranger, dit le livre, que l'ambassadeur devine les intentions de ce roi d'après certains signes, d'après son maintien, son geste, au moyen d'émissaires secrets, et en s'abouchant avec des conseillers avides ou méchants..... Qu'il attire à son parti ceux à qui il peut semer la division et faire seconder ses desseins, tels que des parents du prince ennemi ayant des prétentions au trône ou des ministres mécontents. »

« Lorsque les négociations et la corruption n'ont pas pu prévenir la guerre, alors, dit la loi de Manou, il faut que le roi combatte vaillamment afin de vaincre l'ennemi. Il ravagera le territoire étranger, souillera l'herbe des pâturages ainsi que l'eau de son ennemi, mais il épargnera les plantations et les habitations. »

Cependant, au rapport de Diodore, les Indiens, même en guerre, regardaient l'agriculteur comme le bienfaiteur commun ; ils n'incendiaient jamais les champs ensemencés et n'abattaient aucun arbre. Arrien confirme cette observation en disant que, à côté des soldats rangés en bataille, les agriculteurs labouraient paisiblement la terre ou recueillaient la moisson.

Les lois de Manou, peu scrupuleuses, comme nous venons de le voir, en fait de diplomatie, apportaient néanmoins une grande loyauté dans les lois de la guerre. « Un guerrier, dit la loi, ne doit jamais employer contre les ennemis des armes perfides, telles que des bâtons renfermant des stylets aigus ni des flèches barbelées ou empoisonnées, ni des traits enflammés. Qu'il ne frappe ni un ennemi qui est à pied si lui est sur un char, ni un homme efféminé, ni celui qui joint les mains pour demander merci, ni celui qui se déclare prisonnier, ni celui qui est nu, ni celui qui est désarmé, ni celui dont l'arme est brisée, ni un homme grièvement blessé, ni un lâche qui fuit ; qu'il se rappelle que ce sont là les devoirs des braves guerriers ! »

« Toute guerre qui a du succès, dit Manou, a pour résultat un ami, de l'or ou l'extension de territoire : la conquête de l'ami est la préférable. » Il veut que les lois, les mœurs, la religion des nations conquises soient scrupuleusement respectées.

La guerre, chez les Indous, n'avait pas un but social universel. On y entrevoit bien des sentiments d'humanité, mais les principes du droit international y sont à peu près nuls. Le brâmaïsme n'a pas conçu l'unité dans l'humanité, parce qu'il s'est trompé sur les notions de l'Être suprême, ou que du moins il ne les a pas conçues d'une manière complète. Pour que cette unité fût sensible, il fallait un lien de nature à concilier la diversité des tendances individuelles et nationales sans les heurter, et le temps n'était pas encore venu d'une loi d'amour et de charité capable de mitiger les instincts et les intérêts et de constituer en famille, pour ainsi dire, tant d'individus, de nations et de religions, dont chacune aspirait à valoir mieux que les autres et à les dominer.

Dans ce vieil état de choses, on conçoit que la base pacifique manquait à l'humanité. L'autorité ne pouvait trouver un appui que dans la force, et il lui arriva d'exagérer le sentiment d'une telle situation au point de l'ériger en principe fatal.

Dans la doctrine de Manou, la base de l'édifice social, c'est la force unie à la ruse. Ces deux éléments se prêtent un mutuel appui et s'enchaînent par un troisième principe de l'ordre métaphysique, qui est l'expiation permanente ou le châtiment. C'est sur le châtiment incessant que repose la société brâmaïque : « Si le roi ne frappait pas sans cesse, dit la loi, ceux qui méritent d'être châtiés, les plus forts rôtiraient les plus faibles comme des poissons. La corneille viendrait béqueter l'offrande du riz ; le chien lècherait le beurre clarifié; il n'existerait plus de droit de propriété; toutes les barrières seraient renversées; toutes les classes se corromprainent; l'univers ne serait plus que confusion si le châtiment ne faisait pas son devoir. La guerre est légitime; il n'y a pas de crime pour un roi à tuer un frère ou un ennemi quand il s'agit de protéger son peuple. Des récompenses attendent le guerrier qui meurt sur le champ de bataille, et la mort l'élève presque au rang des sages. Celui qui meurt dans un combat en remplissant son devoir de *kchattriya* accomplit dans cet instant le sacrifice le plus méritoire, et la purification a lieu pour lui sur-le-champ!

L'esprit religieux joue un rôle dominant dans la doctrine de Manou. Nous avons vu avec quelle souplesse il s'appliquait à éviter la guerre par les détours de la diplomatie; mais, une fois la guerre jugée indispensable, il souffle avec toute la vigueur de l'exaltation.

On en trouve un curieux exemple dans un épisode d'une immense épopée, intitulé *Mahâbhârata*, qui a pour objet la querelle de deux tribus de la même famille. L'une a été chassée par l'autre et entreprend de rentrer dans la commune patrie. *Krichna* prend parti pour la race exilée ; il protége le jeune Ardjuna et l'accompagne sur son char. Au moment où l'action va s'ouvrir, Ardjuna contemple les rangs ennemis et n'y trouve que des frères auxquels il doit ôter la vie pour arriver à l'Empire. A cet aspect, il tombe dans une mélancolie profonde : « O Krichna ! s'écrie-t-il, voici mes parents armés, debout, prêts à s'égorger. Mes membres tremblent, mon visage pâlit, mon sang se glace, le froid de la mort circule dans mes veines, et mes cheveux se hérissent d'horreur. Serai-je plus heureux quand j'aurai assassiné tous mes frères ? Non, je ne le veux pas ; mieux vaudrait pour moi tomber sous les traits de mes ennemis, sans lutte et désarmé !.... »

Ardjuna fait ensuite un tableau des guerres civiles ; il montre les sacrifices interrompus, les liens domestiques brisés, le triomphe de l'impiété. Enfin le guerrier retombe sur son char, dépose son arc et attend la réponse du dieu.

Krichna, alors, lui reproche sa faiblesse et lui rappelle qu'il est Kchattriyas ; que la guerre est son devoir ; que, s'il recule, il perd non-seulement la royauté, mais l'honneur.

Ardjuna réplique, avec plus de mélancolie encore, qu'il préfère une vie misérable à une vie gagnée en versant le sang de ses proches.

Alors Krichna lui développe en ces termes la théorie de la guerre et de la mort : « Ceux dont tu pleures par anticipation la mort ne doivent pas être pleurés ; il n'y a pas de différence entre la vie et la mort. Moi, toi, ces guerriers, nous avons toujours existé ; jamais nous ne cesserons d'être ! L'âme placée dans nos corps traverse la jeunesse, l'âge mûr, la décrépitude, et, passant dans un nouveau corps, y recommence sa course. Le corps, enveloppe fragile, s'altère, se corrompt et périt ; l'âme, éternelle, ne périt point. Au combat donc, Ardjuna ! ne recule pas devant le sang. Croire que dans le combat l'un tue, l'autre est tué, est une erreur. Jamais nous ne naissons, jamais nous ne mourons : l'être immuable, inaltérable, éternel, n'est pas tué quand le corps périt. Tomber dans la mêlée, égorger un ennemi, qu'est-ce, sinon déposer un vêtement ou l'enlever à un autre ?.... Sois donc sans crainte et sans compassion! A quoi bon, d'ailleurs, déplorer une chose inévitable? Car celui qui naît doit mourir; ce n'est pas l'homme qui tue, c'est Dieu!.... Je suis le dieu destructeur venu ici pour détruire des hommes. Toute cette armée va périr. Nul de ces guerriers rangés en bataille. excepté toi, ne survivra au jour qui s'écoule. Marche donc, combats, lève-toi, triomphe, écrase tes ennemis, sois roi! Cette armée est morte déjà, elle est ma victime, et toi, tu n'es que l'instrument du destin!.... »

Telle est l'ardeur fanatique avec laquelle l'esprit religieux du brâhmanisme souffle la guerre. Un tel fait est sans moralité : c'est un simple jeu du destin où un dieu cruel se plaît à immoler des victimes pour l'unique but de donner un trône à son protégé. Mais, dans cet exposé si dramatique, il est impossible cependant de ne pas reconnaître cette lutte du bien et du mal, de l'amour et de la haine, du droit moral et de la force brutale, qui jouera plus tard un si grand rôle dans la formation des sociétés.

D'ailleurs, on rencontre dans la religion des Indous des éclairs de vérité et des maximes conformes au rôle que remplit dans ce drame la sensibilité du prince Ardjuna. Les Indous sont hospitaliers, respectent jusqu'à la vie des animaux. Le *Bhâgavata purana* appelle Dieu un Océan de miséricorde. On lit dans l'*Hitopodesa* : « L'homme ne doit souhaiter de mal à personne ; car il souffre lui-même du mal qu'il fait à autrui. » Manou recommande, dans les mêmes termes pour ainsi dire que notre Évangile : « Il ne faut pas proférer une parole capable de blesser quelqu'un ; elle fermerait la porte du Ciel à celui qui la proférerait. »

Une justice à rendre à la morale des lois de Manou, c'est qu'elle n'accorde aucun aveu aux haines et aux guerres de religion ; et c'est là un exemple assez rare pour être admiré : « La diversité des croyances, disent les livres, prouve la puissance et l'amour de Dieu, car Dieu est l'objet de tous les cultes, quelque variés qu'ils soient. Il n'y a que l'ignorant qui puisse éprouver de la haine à la vue des cérémonies religieuses qui diffèrent des siennes. Le Ciel est un palais avec beaucoup de portes où chacun entre à sa manière et selon ses mérites. »

Ainsi, après des milliers d'années nous pourrions encore citer comme exemple de semblables maximes, et même les proposer à un puissant souverain qui a cru pouvoir réveiller, au milieu du dix-neuvième siècle, le fanatisme religieux et s'en faire une arme pour l'assouvissement d'une ambition déréglée.

CHAPITRE III

DU DROIT DE GUERRE DANS L'ANTIQUITÉ.

CHEZ LES HÉBREUX.

Moïse, né et élevé en Égypte, dut naturellement porter dans les institutions et les mœurs des Hébreux beaucoup de principes et de traits analogues aux mœurs de cette contrée. C'est là sans doute qu'il puisa, avec la précieuse notion d'un Dieu unique, l'esprit de théocratie dont il a empreint si fortement ses institutions.

Du temps des Pharaons, le droit du vainqueur était sans limites sur le vaincu. On voit dans divers monuments égyptiens des cariatides portées par des figures vêtues de cottes de mailles qui indiquent assez qu'ils sont des guerriers condamnés à la dure condition de subir le joug. Ces monuments sont semblables à ceux que l'on retrouve chex les Grecs, et qui avaient la même expression.

Moïse avait en vue de fonder puissamment l'autorité, car c'était pour un peuple désordonné comme le sien la plus pressante des nécessités. L'unité de Dieu, dont il fit la base de ses lois, apportait l'ordre universel au monde, de même que plus tard l'Évangile y apportait la liberté. Mais peut-être y avait-il dans cette puissante empreinte de l'autorité une sorte de violence que les temps et les circonstances même ont peine à justifier.

Les Hébreux n'étaient pas naturellement un peuple guerrier ; cependant leur histoire est pleine de sang. Ils font de Jéhovah le *dieu des armées ;* la conquête de la Palestine est l'œuvre de Dieu ; les horreurs d'une guerre d'extermination prennent le caractère d'une autorité sacrée. Il n'y a pas eu de plus cruelles guerres que celles qui ont ensanglanté la terre de Chanaan ; elles étaient sans miséricorde. Le sanglant anathème lancé par Moïse contre ses habitants ne laissait aucune place à la pitié. « Dieu en commande l extermination aux Israélites, *afin qu'ils ne pèchent plus contre l'Éternel !....* »

Dans les premiers temps de la conquête, l'interdit ne fut pas exécuté à la lettre. Les Israélites s'étaient contentés de tuer les mâles dans la guerre contre les Madianites ; ils avaient emmené prisonniers les femmes et les enfants. Moïse se met fort en colère de cette modération. « Vous avez laissé vivre les femmes ! dit-il aux chefs. Ce sont elles qui ont donné occasion aux enfants d'Israël de pécher. Tuez donc, non-seulement les mâles d'entre les petits enfants, mais aussi toute femme qui aura eu compagnie d'homme...»

Sous cet ordre terrible, l'extermination se poursuit dans toutes les villes ; les femmes et les petits enfants sont mis à mort ; quelquefois la rage de l'extermination s'étend jusque sur les animaux.

On est saisi d'épouvante en lisant dans la Bible : « Josué ne baissa point la main qu'il avait levée avec l'étendard, avant qu'on eût détruit tous les habitants !... » Cinq chefs s'étaient cachés dans une caverne, Josué les fait sortir, appelle les Israélites et dit aux capitaines : « Approchez-vous, mettez vos pieds sur le cou de ces rois; c'est ainsi que l'Éternel fera à tous vos ennemis! » Après cela Josué les frappa et les fit pendre à cinq potences. Tout le livre de Josué est rempli de semblables récits.

La barbarie augmente avec l'habitude de verser le sang, le livre des Juges s'ouvre par une action digne d'un peuple sauvage. La mort ne satisfait plus les vainqueurs; il leur faut la torture des vaincus. — Ayant saisi le roi de Bézek, ils lui coupent les pouces des mains et des pieds. Gédéon dit : « Lorsque l'Éternel aura livré Zébah et Tsalmunah entre mes mains, je froisserai votre chair avec des épines du désert et des chardons... » La pitié de Saül envers le roi des Amalécites est réputée crime par les théologiens du temps; elle est « une désobéissance à Dieu. » — Samuel lui déclare que « Jéhovah se repent de l'avoir établi roi. » — Ce sanguinaire interprète de la volonté du ciel fait amener devant lui Agag, qui arrive le sourire sur les lèvres, croyant le moment des rigueurs passé : Samuel le fait mettre en pièce *devant l'Éternel!*

La guerre contre les populations *maudites* continua sous David, ce roi, qui, avec son caractère de douceur, mesurait au cordeau le nombre d'hommes qu'il fallait faire mourir parmi les Moabites vaincus. — Il emmena les Ammonites, et les mit sous des scies et des herses de fer, et les fit passer par un fourneau à cuire la brique. — Il est vrai de dire qu'un semblable acte de cruauté avait été déterminé par une insulte faite aux ambassadeurs du roi.

L'idée du droit des gens ne se montre point dans Moïse. Il semble partager l'opinion de l'antiquité orientale, que toute conquête est légitime. Il ne dit pas à quelle condition la guerre sera juste; il veut seulement que les Hébreux, en approchant d'une ville pour la prendre, lui offrent la paix. S'ils l'acceptent, ils deviennent tributaires et esclaves; s'ils la refusent, le droit du vainqueur est absolu : « Quand l'Éternel aura livré la ville entre tes mains, tu feras passer tous les mâles au fil de l'épée, en réservant seulement les femmes, les petits enfants, les bêtes et tout ce qui sera dans la ville. » Ce petit nombre d'observations témoigne suffisamment que ce mot de l'antiquité : *Malheur aux vaincus!* ne fut nulle part aussi absolu dans son application que chez les Hébreux, qui cependant n'étendirent guère leurs conquêtes.

Les Talmudistes, et Josèphe en particulier, ont voulu justifier leurs aïeux de tant de cruautés en alléguant qu'il était permis aux assiégés de se sauver. — Malheureusement la postérité ne juge pas d'après des faits exceptionnels quand elle trouve des faits positifs et des maximes en parfaite corrélation, comme ceux qui sont écrits dans toute la Bible et jusque dans le Deutéronome, sanctuaire des lois et des institutions. La vérité est que les lois hébraïques étaient sans pitié pour les hommes; elles en montraient, il est vrai, pour les arbres, en quoi elles n'avaient pas un grand mérite.

Les Hébreux cependant connurent les trêves de Dieu et y eurent recours quelquefois, comme on le vit faire par la suite aux Arabes, aux Grecs et aux chrétiens.

Il faut bien le dire aussi, et comme par justice et compensation, les mœurs des Hébreux s'adoucirent vers les derniers temps de leur nationalité. Le prophète Isaïe est le premier peut-être qui entrevit la paix universelle embrassant dans son sein l'humanité tout entière, et le fer des combats se changer généralement, selon son expression, « en socs de charrues pour le bonheur des hommes et la fraternité des nations. »

CHAPITRE IV

DU DROIT DE GUERRE DANS L'ANTIQUITÉ.

CHEZ LES PERSES.

Il y a dans les institutions primitives des Perses des germes précieux de société. La croyance divine s'y montre assez pure d'exagération, et la morale qui en découle nous la fait considérer comme se rattachant, par l'origine naturelle, aux principes qu'il était réservé au christianisme de révéler. — Le principe du bien et du mal si clairement exposé par Zoroastre, la liberté donnée à l'homme pour suivre l'un et éviter l'autre, témoignent d'une civilisation qui peut-être n'aurait eu qu'à se développer régulièrement pour donner les plus heureux résultats.

Les Perses étaient plus guerriers, plus braves que les Hébreux, et se montrèrent d'abord moins cruels. Au dire d'Hérodote, ils n'étaient pas sans ambition : « Ils s'imaginent, dit cet auteur, que toute l'Asie leur appartient. » Les Perses furent en effet les premiers à rêver l'empire universel. Les souverains de ce pays se considéraient comme de beaucoup supérieurs à tous les autres souverains du monde.

Malheureusement la mollesse des mœurs fut pour le peuple un écueil. Il la poussa si loin, que le droit de guerre chez lui prit la plus singulière transformation que l'on puisse imaginer. Les conquérants de ce pays avaient pris l'habitude de laisser aux pays conquis leur administration et de ne leur enlever que les plus beaux de leurs enfants. Ils imposaient aux vaincus la corruption et la mollesse. Crésus conseillait au roi Cyrus d'en user ainsi. « Pardonne aux Lydiens, lui disait-il, défends-leur d'avoir chez eux des armes, et ordonne-leur de porter des tuniques sous leurs manteaux ; que leurs enfants apprennent à jouer de la cithare, à chanter et à trafiquer. Par ce moyen, ô roi! tu les verras bientôt changer en femmes et tu n'auras plus à redouter d'insurrection de leur part. » Odieuse théorie qui ne réussit que trop bien, car les Lydiens, peuple des plus braves, devinrent les plus lâches des hommes.

Ce mode de servitude fut érigé en système dans tout l'Orient. Plutarque rapporte l'ordre que Xerxès intima aux Babyloniens de se livrer à la débauche; d'autres peuples conquis furent poussés dans cette voie facile où se précipitaient eux-mêmes les rois de Perse, au grand scandale de l'univers. Il n'était question dans le monde que de leur luxe, de leurs armées sans nombre, de leurs courtisanes, de leurs eunuques et de mille royales folies. La tête tourna à ces monarques efféminés; on en vit un faire jeter des chaînes à la mer pour dompter les flots; un autre se brûler vif avec ses femmes et ses mignons dans le vertige d'une dépravation sans frein.

Dans les premiers siècles, les Perses s'étaient

montrés humains dans la guerre. La doctrine de Zoroastre enseignait en quelque sorte la fraternité de tous les hommes. Il y avait là des règles qui protégeaient les prisonniers de guerre. Les habitations, les champs, les arbres, devaient être soigneusement ménagés par les troupes. Mais, quand la décadence des mœurs eut perverti les esprits, les Perses devinrent aussi cruels que vaniteux. Les prisonniers sont traînés en triomphe; les rois ennemis se voient enchaînés au char du triomphateur; l'histoire se remplit des supplices les plus cruels. On y voit fréquemment le vainqueur abuser de la victoire. Ce ne sont que gens écorchés, yeux crevés, mutilations infâmes, et populace ardente à contempler ces horribles spectacles et à s'en réjouir.

Ce peuple, cependant, comme nous l'avons dit, rêvait la conquête du monde; et il ne fallut rien moins, à un jour donné, que la valeur désespérée d'un peuple libre pour arrêter ce flot de barbares aux portes de l'Europe naissante, qu'ils menaçaient d'envahir. Ce fut à Marathon, à Salamine, à Platée, que cette infecte contagion rencontra une barrière sans laquelle la civilisation de Grèce périssait, et avec elle, sans doute, les germes qui ont fait par la suite notre civilisation moderne.

CHAPITRE V

DU DROIT DE GUERRE DANS L'ANTIQUITÉ.

CHEZ LES GRECS.

Cicéron fait en peu de mots un bel éloge du génie de la race hellénique. Il dit, dans une lettre à Quintilien, qu'ils ont civilisé les peuples en leur enseignant la douceur et l'humanité.

Ce peuple étonnant, en effet, remua toutes les idées, tous les sentiments; les philosophes unirent au plus haut degré l'abstraction de la raison aux travaux pratiques de l'homme d'Etat. Sciences, beaux-arts, colonisation, commerce : ils embrassent tout dans leurs écoles et dans leur législation.

Cependant les Grecs n'ont jamais eu l'idée (si ce n'est peut-être Alexandre) de conquérir le monde par les armes. Ce peuple, comme le dit Platon dans sa *République*, semblait aspirer à faire une semblable conquête par les sciences, dont il était extrêmement avide. Procédant tout au rebours des castes de l'Inde, de l'Égypte et de la Judée, qui faisaient un secret de leurs dogmes et de leurs lumières, les Grecs s'efforçaient de répandre librement tout ce qu'ils savaient et aspiraient principalement à influer sur l'humanité par les idées.

C'était remplir dans l'ordre providentiel un noble rôle. La Grèce, toutefois, ne s'isola point des nations; elle porta des colonies dans toute l'Europe, enseigna le commerce aussi bien que les lettres aux aborigènes du continent et des îles. Un grand nombre de nos cités maritimes s'enorgueillissent encore aujourd'hui de leur devoir leur fondation. Du côté de l'Asie, sa civilisation fit sentir son empire aussi à la suite des armées de Philippe et d'Alexandre. Les Parthes, les Hébreux même, ressentirent l'influence du génie hellénique; il pénétra jusque dans l'Égypte et même en Abyssinie sous les Ptolomée.

Mais la Grèce n'avait peut être pas une ambition assez grande pour conquérir le monde et régner sur l'univers par les moyens de domination dont l'antiquité disposait, et dont la guerre extérieure et l'ambition de suprématie faisait nécessairement partie; et c'est pour cela sans doute qu'elle dut céder le pas à l'ambitieuse Rome, plus capable qu'Athènes et que Sparte de réaliser cette unité d'empire que les rois de Macédoine avaient rêvée. Mais, par une heureuse compensation, l'esprit studieux, réfléchi, de la Grèce, avait tout perfectionné à l'intérieur. Il avait créé la cité à la place de la caste, et réalisé à un point éminent cette unité morale qui repose sur la loi. Tout en procédant *à posteriori*, c'est-à-dire par l'examen rationnel des éléments sociaux, et en les élevant progressivement à la synthèse, les Grecs étaient parvenus, dans la politique comme dans les arts, à réaliser les types les plus parfaits. Ils n'échappèrent pas toutefois aux instincts de la guerre et n'en usèrent encore que trop. Mais ils eurent la gloire de fonder le droit international et la science diplomatique régulière. L'institution des amphictyons restera éternellement le modèle des États civilisés, comme les chefs-d'œuvre de Phidias sont restés les modèles des beaux-arts.

Les amphictyons étaient un conseil composé de représentants des divers États de la Grèce, qui se réunissait deux fois chaque année pour connaître des différends existant entre les États. Les peuples amphictyoniques se considéraient comme frères, et le serment qui les unissait était inviolable. Il y avait là tout un système de confédération et de solidarité dont la juridiction faisait en grande partie la base.

Le conseil amphictyonique était un point de réunion pour tous les États de la Grèce. Doriens, Ioniens, Achéens, Lyciens, s'y rencontraient et délibéraient avec calme sur les intérêts communs, et l'exemple de ce bon accord faisait sentir aux populations helléniques que, malgré leurs incessantes divisions, elles ne formaient qu'un peuple. L'amphictyon était l'unité morale fondée sur le respect de la loi et du droit, la seule unité qui puisse s'allier avec la variété et régner un jour sur l'univers et lui donner la paix.

L'institution amphictyonique, toutefois, ne fut qu'un sublime effort du génie hellénique et une sorte de figure livrée au monde pour lui léguer une précieuse tradition. Des instincts barbares existèrent là comme ailleurs, car il n'est pas donné à l'humanité tout entière de s'élever dans le même espace de temps aussi haut dans la civilisation que les esprits les plus éclairés. Le droit de guerre chez les Grecs eut donc un caractère assez rude. Du temps d'Aristote, on la considérait comme un moyen de s'enrichir, et en quelque sorte comme une industrie. Ce philosophe, qui reconnaissait deux espèces d'hommes, les uns faits pour commander et les autres pour subir le joug, dit nettement, dans sa *Politique*, que « le droit de la guerre est le droit de l'homme *né* libre sur l'homme *né* pour obéir. » Ce droit, chez les Spartiates, ainsi que la propriété, se mesurait à la portée de leur javelot.

Chez les Grecs, l'étranger était sans droits; l'hospitalité seule pouvait en tenir lieu. En temps de guerre, ils ravageaient les champs, coupaient les arbres, brûlaient les moissons, et se montraient également cruels et perfides. Rarement les capitulations accordaient-elles aux vaincus la vie sauve, en abandonnant leurs biens aux vainqueurs. Les habitants des villes conquises étaient expulsés ou réduits en esclavage. Les historiens citent comme une honorable exception la conduite de Timoléon, qui, après s'être emparé de Corcyre, ne réduisit pas les habitants en esclavage, ne les expulsa pas et leur laissa leurs lois. Le droit ordinaire consistait dans l'esclavage du vaincu, même dans les guerres de Grec à Grec. Les Athéniens et les Spartiates, les rois de Macédoine et les Thébains, vendaient, comme esclaves, des Grecs, leurs frères en nation. Après la prise d'Olynthe, Philippe distribua les captifs à ses amis, et des Hellènes n'eurent pas honte d'accepter cette faveur de celui qu'ils appelaient un barbare.

Il parait avoir été généralement reconnu chez les Grecs que les hommes n'étaient tenus à aucun devoir les uns envers les autres, à moins qu'il n'existât un pacte entre eux. Thucydide cite cette maxime radicale si répandue parmi ses compatriotes, à un roi ou à une république :

« Rien de ce qui est utile n'est injuste. » La même idée est ouvertement exprimée dans la célèbre réponse des Athéniens aux habitants de Mélos. On n'accusait les habitants de Mélos d'aucun tort; mais leur soumission, disaient les plénipotentiaires, était indispensable au crédit d'Athènes et à l'opinion que l'on avait généralement de sa puissance. Les Mélosiens répondaient qu'ils se soumettraient au cas où ils ne seraient pas soutenus par les Spartiates. On leur répliquait: Les Spartiates ne vous soutiendront pas, parce qu'ils n'ont aucun intérêt à le faire. Et, en effet, les habitants de Mélos durent succomber, faute d'un secours qu'ils ne pouvaient attendre d'aucun autre mobile que l'intérêt d'un tiers.

Ce principe rationnel de l'utilité, considéré comme règle absolue des États, fût, à ce qu'il paraît, partagé par des esprits éminents. Aristide, assure-t-on, distinguait la moralité publique de la moralité particulière, et prétendait qu'entre individus les lois de la justice devaient être strictement observées, tandis que dans les affaires publiques l'utilité pouvait souvent en tenir lieu. Plutarque, cependant, nie de semblables concessions de la part de celui qui fut surnommé le Juste. Cet auteur assure que, Thémistocle ayant conçu le projet d'incendier la flotte des Grecs, alliés d'Athènes, après la retraite de Xerxès, les Athéniens refusèrent de sanctionner cette détermination, parce qu'Aristide avait déclaré qu'un tel projet, quoique très-avantageux, était injuste.

Les Grecs s'abstinrent des mutilations que nous avons vu pratiquer aux peuples de l'Orient. Un seul exemple de ce genre de cruauté vient à notre connaissance, comme pour prouver combien sont lents les progrès de l'humanité. Le peuple le plus humain de la Grèce, au rapport de Plutarque, imprima des stigmates sur le front des captifs samiens, et rendit ce décret atroce qu'on couperait le pouce droit à tous les prisonniers de guerre; et les Samiens, à leur tour, imprimèrent une chouette sur le front des Athéniens...

C'est chez les Grecs que la guerre commença à avoir des règles propres qui se développèrent plus tard à Rome de manière à former une sorte de procédure internationale. Nous y trouvons le germe du droit fécial des Romains, dont nous parlerons bientôt. Des ambassadeurs étaient envoyés chez l'ennemi pour demander satisfaction de l'injure. La guerre n'était déclarée que lorsque cette tentative de conciliation n'avait pas réussi. Cet usage existait déjà dans les siècles héroïques ; nous voyons dans Homère que Ménélas et Ulysse vinrent réclamer Hellène, et que ce fut seulement sur le refus que Priam fit de rendre cette princesse que les Grecs résolurent d'employer la voie des armes contre la ville de Troie. Ce n'est qu'après de semblables démarches, restées inutiles, que la guerre chez les Grecs était considérée comme légitime.

Les peuples grecs essayèrent encore d'autres voies pour mettre un terme aux hostilités qui les divisaient. Ils appliquèrent l'arbitrage aux contestations internationales. C'est ainsi qu'au rapport de Pausanias, Pantarcus, célèbre athlète, rétablit la paix entre les Éléens et les Achéens. Une contestation s'étant élevée au sujet des limites du territoire entre les Arcadiens et les Éléens, les deux parties s'en rapportèrent à la décision de Pythacus, vainqueur aux jeux Olympiques. Nous voyons de même que Simonide ré tablit la paix entre Hiéron, de Syracuse, et Théron, d'Agrigente, dont les armées étaient prêtes à en venir aux mains.

Plutarque, aussi, rapporte un fait d'arbitrage mémorable par le nom du grand législateur qui y figure, et les moyens qu'il fait valoir pour soutenir la cause de la patrie. Athènes et Mégare se disputaient la possession de Salamine; les deux républiques, peut-être comme un hommage rendu à Solon, finirent par prendre les Lacédémoniens pour arbitres.

Les Grecs eurent aussi recours aux traités réguliers. Un traité entre les Lacédémoniens et les Athéniens, en l'année 423, reconnaît de la manière la plus formelle un droit des gens, mais commun seulement entre tous les peuples de la Grèce, sous le beau nom de *loi de la patrie!* On y stipule que les différends entre les parties contractantes et leurs alliés seront décidés par arbitrage et par le droit, non par la force des armes. Par un traité précédent (421), ces deux républiques s'étaient garanti la propriété réciproque de leurs esclaves et le droit mutuel d'extradition. Les traités étaient rendus publics et gravés sur des colonnes. On trouve cependant l'exemple d'un traité secret entre les Lacédémoniens et les Thasiens, en 429.

On voit par ce peu d'exemples qu'il y avait dans l'ancienne Grèce tous les éléments d'une civilisation très-capable de triompher de ce qu'il restait encore de barbare dans les mœurs de ces siècles reculés, et de servir de corps, pour ainsi dire, à l'esprit qui devait bientôt descendre sur le monde sous le nom chrétien.

Nous ne devons point omettre de dire, et à l'éternel honneur de la civilisation grecque, que dans les combats le suppliant était sacré, et le droit d'asile dans le temple inviolable. Il y avait des jours consacrés durant lesquels toute guerre eût été un sacrilége, et les amphictyons défendaient expressément d'élever des trophées durables.

Enfin, c'est en Grèce que la philosophie fit entendre des paroles qui présageaient, par la profondeur de leur morale, la fraternité des hommes et des nations. La vision continuelle de Plutarque était celle d'un seul Dieu gouvernant le monde, et Socrate mourait après avoir dit qu'il n'était ni d'Athènes ni de Grèce, mais du monde, parole qui n'eût pas été indigne de Jésus-Christ lui-même.

CHAPITRE VI

DU DROIT DE GUERRE DANS L'ANTIQUITÉ.

CHEZ LES ROMAINS.

Partout dans l'antiquité retentit cette terrible sentence du chef gaulois : *Malheur aux vaincus!* Le vaincu est la chose du vainqueur, sa vie et ses biens lui appartiennent, et l'esclavage est une grâce accordée au faible par le fort.

Le droit international fut inconnu aux Romains comme aux autres peuples dans les premiers temps, et peut-être ne l'admirent-ils jamais de bonne foi et entièrement. Le *jus gentium* n'eut pas pour eux la même acception que nous donnons aujourd'hui de *droit des gens*. Ils n'avaient que deux mots pour désigner les étrangers, ceux d'*ennemis* et de *barbares;* et la loi des Douze Tables portait nettement : *Adversus hostem eterna auctoritas!* Cicéron, il est vrai, prétend que le mot *hostis* avait été mis sur les Douze Tables à la place de *perduellis*, pour désigner un ennemi, afin d'adoucir le sens cruel de ce mot par une expression plus humaine. Nos ancêtres, dit-il, appelaient *hostis* ce que nous appelons *peregrinus*, étranger. L'illustre et honnête philosophe se plaît à croire que réellement les Romains primitifs furent des exemples de droiture internationale, de mansuétude et de bonne foi, même après plusieurs traits comme l'enlèvement des Sabines, et que ce ne fut que de son temps que cette politique avait dégénéré. Mais il n'est que trop vrai qu'il en fut autrement, et Montesquieu a suffisamment démontré par quelle politique astucieuse et par quelles flagrantes injustices Rome avait acquis la souveraineté sur une grande partie du monde. Cette politique fut longtemps, en effet, d'un orgueil inflexible et d'une persévérance cruelle. Et n'est-ce pas de son sein que sortit cette parole exécrable, que « la victoire rendait tout légitime, et qu'elle profanait jusqu'aux choses les plus sacrées de l'ennemi ? »

Cependant, là comme chez les Grecs, la religion révélait et faisait sentir quelque chose qui dénotait un germe de procédure internationale. Le droit fécial constate les démarches que l'on faisait pour éviter les nécessités de la guerre. Un collége de prêtres était chargé de remplir certaines formalités que le culte prescrivait dans les relations hostiles des peuples. Les féciaux, au rapport de Plutarque, s'employaient à terminer à l'amiable les différends, et ne permettaient de recourir à la force que lorsqu'on avait perdu tout espoir de conciliation. C'était à eux de déclarer si la guerre était juste. Quand ils s'y opposaient, il était défendu aux soldats, aux rois même, de prendre les armes. « Sainte institution s'il en fut jamais, s'est écrié Bossuet dans son *Discours sur l'histoire universelle*, qui fait honte aux chrétiens, à qui un Dieu de paix venu au monde pour pacifier toute chose n'a pu inspirer la charité et la paix !.... »

Ainsi l'idée d'une justice dans la guerre se

produisait chez les Romains, mais il n'est pas constant qu'elle dominât par son ascendant moral, car c'était le sénat qui déclarait la guerre, et l'on doit penser que l'opinion des féciaux n'était pas toujours écoutée. Il maintenait seulement ce principe, qu'une guerre n'était pas juste si elle n'avait été précédée de la cérémonie constituant le droit fécial.

Voici comment cette cérémonie avait lieu. Le fécial se rendait à la frontière. Là, il se couvrait la tête d'un voile et s'écriait : « Écoute, Jupiter ; écoutez, habitants des frontières ! Je suis le héraut du peuple romain ; je viens, chargé par lui d'une mission juste et pieuse ; qu'on ajoute foi à mes paroles ! »

Il exposait ensuite ses demandes ; puis, attestant de nouveau Jupiter, il continuait : « Si moi, le héraut du peuple romain, j'outrage les lois de la justice et de la raison par ma demande, ne permets pas que je puisse jamais revoir ma patrie !.... » S'il n'obtenait pas satisfaction, il prenait le ciel à témoin d'un déni de justice et en référait au sénat ; et, après un délai de trente-trois jours, le fécial déclarait la guerre au nom du sénat et du peuple romain en lançant un javelot sur le territoire ennemi.

Telles étaient les formalités prescrites par le droit fécial pour les déclarations de guerre, véritable procédure internationale qui présente, jusque dans ses détails, assez de ressemblance avec la procédure civile du droit romain.

Des auteurs ont considéré comme des formalités hypocrites la temporisation que les féciaux apportaient dans leur mission. Il est cependant raisonnable de penser que cette lenteur pouvait être utile et donner place à des moyens de conciliation entre deux peuples. Il en résultait, de plus, que toute guerre était considérée comme juste, et si elle n'avait pas toujours, au fond, une moralité bien exacte, elle était du moins réputée telle. Il en résultait une situation très-sérieuse; et c'est peut-être au sentiment d'un tel droit poussé jusqu'à l'absolu que le peuple romain, trop habile pour exercer des cruautés inutiles, s'arrogea cependant une sorte d'autorité infaillible sur les hommes et les choses de la conquête.

Les Romains tuaient jusqu'aux ennemis désarmés et inoffensifs. C'était surtout dans les assauts de villes que le barbare droit du vainqueur se manifestait dans toute son atrocité. Les soldats, au rapport de Polybe, ne se contentaient pas de tuer des hommes, ils abattaient les animaux et en dispersaient les lambeaux pour semer la terreur.

Cependant les Romains n'usèrent pas toujours ainsi du droit du vainqueur. Plus tard, tout prisonnier fut de droit esclave, pouvant se racheter ou s'échanger. Il n'y avait que les généraux et les rois ennemis à l'égard de qui Rome se montrât impitoyable, comme si le plus grand des crimes consistait à lui avoir disputé quelque part cette souveraineté universelle qu'elle croyait lui appartenir sans partage. Ils étaient traînés en triomphe et périssaient ensuite sous la hache du bourreau ou dans les prisons.

L'usage universel de l'antiquité donnait aux combattants le pouvoir le plus absolu sur les biens des ennemis. Polybe, qui s'est livré à un examen du droit de la guerre, dit qu'il est permis de détruire les hommes et les villes aussi bien que les vaisseaux, les fortifications, les ports et les fruits de la terre. Tite-Live est d'avis aussi que l'incendie des récoltes, la ruine des habitations, l'enlèvement des hommes et des bestiaux, sont choses légitimes.

Tel était, en effet, le droit de guerre chez les Romains, et la lance était chez eux le symbole de la domination. Toutefois faut-il observer qu'ils en tempéraient généralement l'usage, dans un intérêt éclairé, soit en s'alliant les peuples vaincus, soit en se contentant de leur imposer des tributs.

La religion, dont ils étaient grands observateurs, concourut aussi à tempérer la rigueur absolue du droit de guerre chez les Romains. Au rapport de Denys d'Halicarnase, ils eurent comme les Grecs la *trêve de Dieu;* il n'était pas permis d'engager une bataille durant les fêtes de Saturne, afin de conserver l'image de son règne, qui ne fut jamais troublé par la guerre. On n'appelait pas les citoyens à la guerre pendant les féries, et si on le faisait il y avait lieu à expiation.

La religion présidait aussi à la conclusion des traités. Les Romains ne se croyaient pas obligés par le seul consentement et la parole donnée. Il leur fallait des formalités, des termes sacramentels pour donner lieu à une obligation. Des actes religieux étaient jugés indispensables pour rendre un traité complet et sacré. Tite-Live décrit les solennités qui furent observées dans quelques traités. Le fécial en était l'intermédiaire; après avoir pris les ordres du sénat et du peuple, il faisait des invocations à Jupiter et il ajoutait : « Ce ne sera pas le peuple romain qui violera jamais le premier les conditions et les lois, telles qu'elles sont écrites sur ces tablettes; s'il en arrivait autrement, alors, grand Jupiter, frappe le peuple romain comme je vais frapper ce porc ! »

Après cette imprécation, il frappait la victime. Des serments étaient ensuite prêtés de part et d'autre, et les traités signés par les féciaux étaient déposés dans le temple de Jupiter Capitolin.

Les traités de paix étaient appelés *traités de paix et d'amitié;* quelquefois d'*hospitalité* (titre honorifique), ou traités d'*alliance.*

En tête de tous les traités d'alliance, même les plus favorables aux vaincus, les Romains écrivaient la condition de leur rendre sans indemnité les prisonniers et les déserteurs. La seconde était le payement d'une contribution. En sorte que les alliances étaient constamment des lois imposées sous l'empire de la force et tout à fait en dehors du droit des gens; car il est de principe que la force ne peut augmenter le droit.

Les obligations des alliés variaient d'après les stipulations. Les uns étaient seulement soumis à des charges temporaires; d'autres étaient liés par une alliance offensive et défensive; les circonstances et les intérêts de Rome décidaient de la nature des obligations imposées aux vaincus.

Partout on voit que les Romains, lors même qu'ils semblaient vouloir se montrer généreux, se considéraient comme les maîtres absolus du monde, et ce fut là sans doute le principal secret de cette force à laquelle rien ne résista. Ils ne se gênaient point pour intervenir en tout lieu. Pompée avait bien dit que l'empire romain avait pour limite le *droit*, mais Marius ne le définissait-il pas mieux, lorsque, s'adressant à

Mithridate, il lui disait : Roi, deviens plus puissant que les Romains, ou fais *ce qu'ils te commandent?...*

Là, comme ailleurs, les faits furent bien souvent en opposition avec la morale même de l'époque. Sénèque et Cicéron disent qu'il ne faut pas employer des subtilités pour éluder la prescription des traités. Mais est-il des exemples plus odieux de la violation du droit des gens, que les traits suivants rapportés par les historiens? Fabius Labeo, ayant promis à Antiochus, après sa défaite, de lui rendre la moitié de sa flotte, fit scier en deux tous ses vaisseaux et lui laissa la moitié de chacun, privant ainsi ce roi de sa flotte entière, et restant néanmoins dans la lettre du traité. De même, les Romains détruisirent Carthage, qu'ils avaient promis d'épargner, en prétextant qu'ils s'étaient engagés à épargner les habitants, mais non la ville. On connaît aussi ce trait d'hypocrisie d'un Romain qui, ayant été envoyé par Annibal, après la bataille de Cannes, pour négocier la paix à Rome, et prêté serment de revenir au camp des Carthaginois s'il ne l'obtenait pas, crut éluder son serment en rentrant au camp presque aussitôt qu'il en était sorti, sous prétexte d'avoir oublié quelque chose. Il est vrai que le sénat romain, indigné d'une semblable conduite, renvoya le traître et le livra aux mains d'Annibal.

Cicéron s'efforce, par un louable sentiment de patriotisme, de montrer le bon côté des générations qui ont précédé son époque. Sa théorie du droit consiste à dire qu'on ne doit faire la guerre qu'en vue de la paix. Après la victoire, les vaincus doivent être épargnés, à moins que, par leur propre violation des droits de la guerre, ils ne se soient rendus indignes de toute clémence. Il dit que ce n'est pas seulement un devoir d'épargner les vaincus, mais encore de faire quartier à une ville assiégée qui offre de se rendre, après même que la brèche a été ouverte. Il affirme que cette loi avait été rigoureusement suivie par les Romains, et que les généraux qui recevaient la soumission d'une ville ou d'une nation, devenaient, selon les anciennes lois et coutumes, les patrons de cette ville et de cette nation. Cicéron insiste généralement sur la nécessité d'observer la justice et la générosité à propos de la guerre. « Deux nations, dit-il, quand même elles sont en guerre pour la souveraineté, devraient toujours tenir compte des principes qui, dans leur conviction respective, constituent la justice de leur cause; l'animosité serait tempérée par un sentiment de dignité. » Il excuse la cruauté des Romains envers Carthage et Annibal par la perfidie et la cruauté de tels ennemis, et par l'acharnement qui s'attachait à une lutte dont l'objet n'était pas moins que l'empire du monde. Cicéron ajoute : « Il faut garder la foi même avec un ennemi, » et pour montrer combien ce principe est sacré, il cite les exemples de Régulus retournant à Carthage, et du sénat romain livrant à Pyrrhus le traître qui avait offert de l'empoisonner. Enfin, Cicéron croit que la générosité contribua beaucoup aux conquêtes de Rome, et que le protectorat fut le caractère distinctif de sa nation.....

Un fait plus généralement admis, et bien précieux, à notre avis, pour la formation des sociétés et la civilisation du monde, c'est que l'empire romain, par sa tendance constante et absolue à l'autorité universelle, élevait sans le comprendre l'édifice de l'unité du genre humain, et cet édifice était admirablement disposé à recevoir le christianisme quand il se présenta pour formuler le grand principe. L'unité de l'empire faisait que les peuples se trouvaient rangés sous la même loi et ne pouvaient plus se traiter en étrangers. La loi d'exclusion portée sur la loi des douze tables n'était plus applicable en général, du jour où presque tous les peuples furent citoyens romains.

Les empereurs encouragèrent les relations de peuple à peuple, les mariages mêmes, et l'on vit des temps où des filles de sénateurs se trouvèrent honorées de l'alliance d'un Germain. Ce mouvement cosmopolite imprimé aux esprits par la domination romaine et par les doctrines philosophiques fit naître aussi l'idée de l'égalité. Cette idée était fortement empreinte dans le génie de Rome et dans sa domination absolue, de sorte qu'il ne s'agissait pour tous que d'accepter le joug d'un être de raison qui s'appelait l'Empire. Cicéron, dans les *Catilinaires*, appelait Rome l'*ornement de l'univers*, l'*asile commun des nations*. Tite-Live va jusqu'à comparer les Romains aux dieux, et fait dire à des ambassadeurs de l'Asie parlant devant le sénat : « Renonçant désormais à combattre les mortels, vous n'avez plus qu'à protéger le genre humain, à veiller comme font les dieux sur son repos. » Le sénat était le conseil suprême, non-seulement du peuple romain, mais de toutes les nations et de tous les rois de la terre... Le titre de sénateur, celui de citoyen romain, étaient une lettre de recommandation et une sauvegarde dans l'univers entier. Les Romains étaient partout traités en concitoyens du monde. Là où, auparavant, on ne pouvait faire un pas sans rencontrer un ennemi, on ne vit plus d'étrangers; et c'était déjà là un beau spectacle pour les esprits élevés. La scène évidemment se préparait pour le principe moral et pacificateur qui devait bientôt se révéler.

Mais, il faut bien le dire aussi, les lumières de la raison avaient pris à Rome un développement proportionnel à la grandeur de l'autorité qu'elle avait acquise par la puissance de ses armes et l'habileté de sa politique. Rome était devenue le foyer de la civilisation dont Athènes et la Grèce avaient été le berceau. Ce n'était pas seulement le commerce et les bons rapports de peuple à peuple qui signalaient cette ère pacifique opérée sous le règne des empereurs par le triomphe universel de la domination romaine; c'était aussi l'expansion des sciences et des arts. La philosophie s'appliquait à couronner cette œuvre en ornant les esprits et en ouvrant pour eux les routes mystérieuses de la destinée.

Nous avons vu chez les Grecs la pacification du monde et l'unité du genre humain prédite par Plutarque et par Socrate. Les philosophes et surtout les poëtes de Rome ne restèrent pas en arrère de telles prédictions. Horace avait été témoin et même acteur dans l'horrible guerre civile, et il est de tous les auteurs celui qui exprime le plus vivement les malheurs de la patrie. « Où courez-vous, impies? N'y a-t-il pas eu assez de sang latin versé sur la terre et sur les flots?... Les loups et les lions sont moins féroces; ils ne se déchirent pas entre eux. »

A la vérité, Horace ne voit pas là un malheur d'humanité, il n'y voit que la patrie; s'il souhaite la paix dans Rome, c'est afin qu'elle soit plus forte contre Carthage, contre les Bretons ou les Parthes ! Il aimait tant Rome, cet élégant poëte :

> Alme sol. . . . . . .
> . . . . . possis nihil urbe Roma
> visere majus !

Virgile, dans ses poëmes, élève beaucoup plus haut la pensée ; son amour de la paix se lie à une vague aspiration vers un monde meilleur et plus heureux. Le poëte inspiré annonce la venue d'un nouveau monde d'or à l'humanité souffrante. A l'aspect de la guerre, il s'écrie : « Partout sont confondus le juste et l'injuste ; la guerre porte partout l'aspect du crime ; la charrue négligée est sans honneur ; les campagnes, d'où le laboureur a été arraché, languissent désolées. Qui portera donc remède à tant de maux ? »

Virgile invoque le jeune Octave, et l'avénement d'Auguste à l'empire va remplir ses vœux. « Alors, ajoute-t-il, la férocité des temps s'adoucira ; alors l'antique foi de Vesta dictera ses lois aux peuples ; les redoutables portes du temple de la Guerre seront fermées par d'étroites barrières de fer. »

Syrus, poëte philosophe dont parlent Pétrone et Sénèque, mettait sur le théâtre des paroles qui prouvent que, sur la fin de la république, la morale des anciens n'était pas sans analogie avec la morale chrétienne, comme le voici :

« Attends d'autrui ce que tu auras fait à autrui.....

« Mieux vaut recevoir les injures que les faire.....

« Pardonne souvent aux autres, jamais à toi-même.....

« On doit appeler méchant celui qui n'est bon que dans son propre intérêt.....

« Sois en paix avec les hommes, en guerre avec les vices. La plus louable émulation est celle qu'inspire l'humanité.....

« User de clémence, c'est toujours vaincre; c'est par la bienfaisance que nous nous rapprochons le plus des dieux..... »

Sénèque, dans sa tragédie d'*Agamemnon*, ne veut pas que le sang humain coule pour apaiser l'ombre d'Achille. « S'il faut du sang, que l'on immole le plus beau troupeau de la Phrygie! » Jusqu'à ce philosophe, on avait cru à la détérioration du monde et de la société. Il annonce que les générations futures seront meilleures. En racontant l'expédition des Argonautes, il prédit aux peuples des progrès plus grands, et, dans une inspiration sublime, il entrevoit la découverte de l'Amérique : « L'Océan, dit-il, ouvrira ses barrières; une contrée immense sera découverte; Thétis nous ouvrira de nouveaux mondes, et Thulé ne sera plus la limite de l'univers!.... »

Juvénal, dans une de ses satires, s'est emporté avec amertume contre les conquérants et les guerriers; mais il est plus admirable dans une autre où, s'inspirant d'un sentiment plus sérieux, il dit avec calme: « Quel homme de bien peut se croire étranger aux maux d'autrui? C'est la pitié qui nous distingue des animaux. L'auteur de toutes choses nous a donné une âme pour qu'une affection mutuelle nous servît tour à tour d'appui et finît par réunir l'humanité en un seul peuple. Mais de nos jours il y a plus d'accord entre les bêtes féroces qu'entre les hommes. Quand vit-on le lion le plus fort égorger un autre lion?»

Ovide est un partisan déclaré de la paix. « Il n'est pas de plaisir plus grand, dit-il, que celui de sauver son semblable.... Cérès aime la paix; faites des vœux, ô laboureurs ! pour conserver toujours et le chef qui vous gouverne, et la paix dont vous jouissez. Puissent les socs de charrue et les sarcloirs, qui font la richesse des campagnes, être le seul fer qui brille au soleil! Que la rouille mange les armes, et que le glaive, rivé au fourreau par de longues années de paix, ne puisse plus en sortir ! O divine paix ! sous nos empereurs, tu seras un jour une plus grande gloire que la guerre ! »

Enfin on connaît l'opinion de Lucain ; elle se résume en ces deux mots : *Heu! miseri qui bella gerunt!*

Tel est le tableau que nous offrent les souvenirs de l'antiquité romaine. Il semble que cette paix, qui devait en couronner l'édifice, devait effectivement se réaliser par suite d'une domination unique. Mais il manquait bien des conditions à l'empire romain pour qu'il en fût ainsi.

Sa domination était imposée, non acceptée, et, à l'intérieur, il y avait encore des passions et des désordres qui rendaient impossible un état de choses rêvé par des esprits qui devançaient le temps. Nous n'en citerons qu'un exemple : l'empereur Probus, ayant conçu le projet d'une *paix perpétuelle* et dit que, s'il pouvait la réaliser, l'empire pourrait se passer de soldats, cette parole, au dire des historiens, lui coûta la vie; tant il est vrai que, dans des empires fondés sur la force, il faut encore compter avec les surprises, et que la violence comprimée des factions sait toujours trouver une issue, dût-elle se rencontrer dans les passions ardentes de l'homme de guerre et les intérêts prétoriens.

CHAPITRE VII

DU DROIT DE GUERRE DURANT LE MOYEN AGE.

Le progrès est la loi de l'humanité. L'homme naît charnel, animal, livré à des passions égoïstes et brutales. Mais il a une âme, germe divin, appelée à faire, de jour en jour, une plus grande partie de son être et à régner sur sa nature. La religion l'éclaire, l'intelligence s'y développe, le travail ennoblit cette existence en satisfaisant ses besoins ; puis la raison se forme, les idées du juste, du vrai et du beau se révèlent, la responsabilité morale et la loi sont acceptées comme règle de conduite. Voilà l'homme civilisé.

Les sociétés existent et se perfectionnent dans

les mêmes conditions que l'individu. C'est pourquoi nous avons vu les plus anciens peuples, empreints d'une rudesse extrême, porter dans les relations mutuelles et les faits de la guerre une immoralité et une férocité capables d'étonner les générations actuelles, et que les idées acquises réprouvent énergiquement. Avec le temps, les mœurs se sont adoucies sans que la puissance morale de l'homme ait été moins manifeste, sans que la bravoure du soldat ait paru moins héroïque, conditions indispensables à nos yeux pour caractériser le progrès véritable, car là où nous verrions une dégénérescence de la virilité de l'homme, nous douterions de son amélioration.

Le simple exposé que nous venons de donner des droits de la guerre et des rapports internationaux chez plusieurs des peuples de l'antiquité témoigne que ce progrès fut sensible avant même que des éléments sociaux comme ceux de la civilisation moderne eussent donné les moyens d'apercevoir que ce progrès était continu à un point de vue général. La vieille Inde ne met en usage que la corruption et la ruse dans ses relations avec les autres peuples. Ces deux vices sont passés à l'état de haute vertu, d'habileté suprême, et inscrits en forme de conseils dans le recueil des plus saintes maximes. Là, si la guerre éclate, il faut qu'elle soit faite à outrance. L'extermination de la tribu ennemie est la condition nécessaire de la paix, et cette extermination n'est rien moins qu'un ordre formel de la Divinité. Point de pitié pour les faibles, fussent-ils même des frères et des parents ! On ravage le sol, on détruit les productions ; la guerre frappe comme un fléau, sans rien épargner. Chez les Hébreux, la guerre est plus cruelle encore et plus absolue ; elle est impitoyable, car elle se fait constamment au nom d'un Dieu vengeur, absolu, jaloux, implacable, Dieu unique, *Dieu des armées !* Et ce Dieu, que veut-il de son peuple et des autres peuples ? Il veut être obéi. C'est l'autorité qui se fonde au sein de la barbarie et du matérialisme ; mais elle s'y fonde en dehors de tout raisonnement, de toute considération, de tout sentiment d'humanité, et c'est par cette dure et profonde empreinte qu'elle va porter aux âges futurs, à travers le christianisme lui-même, loi de douceur et de liberté, ce caractère absolu auquel on la reconnaît encore. Sous le grand législateur Moïse, la désobéissance est punie de mort; sous ses successeurs il en est de même; et comment traitera-t-on les peuples voisins, si l'on traite ainsi son propre peuple? Tout ce qu'on peut leur enlever est de bonne prise; ils sont les ennemis naturels du Très-Haut, et, s'ils succombent en guerre, leur sort est d'être passés au fil de l'épée: ces hécatombes humaines sont agréables à l'Éternel! C'est l'Éternel qui dirige la main de Josué et de Gédéon comme il fait parler Samuel; et cette direction est infaillible, comme l'inspiration toujours présente qu'il verse sur les chefs d'un peuple qu'il s'est choisi.....

Chez les Perses, la guerre n'a point ce caractère essentiellement religieux. Elle est disciplinée, dans les premiers temps du moins, et l'on y reconnaît l'influence de la doctrine d'un grand législateur. Zoroastre a voulu que les négociations fussent loyales; en guerre, on épargne les faibles, femmes et enfants; on respecte les arbres, les moissons; on fait des prisonniers. Plus tard, cependant, ce peuple se présente avec des mœurs corrompues et efféminées. Il devient alors d'une cruauté sans égale à l'égard des ennemis vaincus, et l'on reconnaît à ce signe que sa civilisation a reculé, comme toutes celles de l'antiquité, après être arrivée à un *criterium* que ne devaient point franchir les générations humaines tant qu'elles n'auraient pas ressenti le germe vivifiant de cette solidarité qui donne à la civilisation une base aussi large que le monde, et des moyens aussi universels et aussi continus que les besoins mêmes de l'humanité.

Les Grecs sont le premier peuple vraiment civilisé de l'antiquité. L'intelligence perce, dès les temps les plus reculés, dans leurs rapports internationaux. S'ils font une guerre, c'est pour des intérêts raisonnés de territoire ou de commerce. Ils sont rationalistes avoués, et l'égoïsme de la cité se manifeste dans leur diplomatie avec une sorte d'audace fatale. Cependant la Grèce a ses écoles de philosophie au sein desquelles on discute sur le juste et l'injuste, et ces discussions ne sont point sans effet sur la marche des affaires et des doctrines de l'État. La Grèce vit luire parmi ses diverses républiques le flambeau des amphictyons, figure admirable de la juridiction internationale au moyen de laquelle la guerre fut assoupie ou modérée durant plusieurs siècles destinés à voir fleurir les sciences et les arts qui ont illustré cette nation.

Rome fut la nation guerrière par excellence. Née pour la conquête du monde, elle dut déployer au dehors tout ce que le génie uni à la force peut produire de plus puissant. Elle perfectionna ce que nous appellerons le droit des gens antique, nié par quelques auteurs. Ses féciales avaient posé les bases de ce droit sur les bases mêmes de la conscience humaine. Les Romains créèrent la diplomatie ou du moins lui donnèrent le caractère de l'intelligence, de la méthode et de la dignité. Rome voulait être la souveraine de l'univers, elle s'était mise en tête cette idée, et toute son activité fut dirigée dans ce but. Mais ses guerres, à part le caractère d'égoïsme national que leur imprimait naturellement ce goût de la domination, n'eurent rien qui leur donnât un caractère de férocité, relativement aux temps anciens. Le droit du vainqueur était absolu; mais, au meurtre aveugle, on avait déjà substitué l'esclavage du prisonnier, et c'était un progrès, car le vainqueur pouvait donner la mort au vaincu. Quant à la conquête, si l'on prend en considération le point de départ de cette politique qui se croyait la mission de tout dominer, on peut trouver qu'elle entraînait de la part de Rome des conséquences peu inhumaines. Le peuple romain laissait ordinairement aux provinces conquises leurs lois; il les admettait volontiers à faire partie de la cité romaine, et leurs princes se voyaient parfois offrir un siége au sénat. « Les guerres de la république, dit Cicéron, furent toujours terminées par des actes de clémence ou d'une sévérité nécessaire. Le sénat devenait l'asile des rois, des peuples et des nations. Nos magistrats et nos généraux mettaient leur principale gloire à protéger avec justice et de bonne foi les provinces devenues des alliées, et c'est ainsi que Rome mérita le nom de patronne, plutôt que celui de maîtresse du monde. » A Rome comme à Athènes, il y avait un foyer toujours plus fécond de lumières dont le rayonnement se faisait sentir dans la politique extérieure ; et, comme nous l'avons vu, les maux de la guerre furent hautement déplorés par des philosophes, des poëtes et même par des hommes d'État. Que restait-il donc à désirer pour qu'une civilisation comme celle de Rome ne faillît point aux destinées qu'elle avait rêvées ?

On a dit qu'il fallait nécessairement que la civilisation de l'antiquité fût engloutie par un cataclysme social, pour que le christianisme pût établir son empire. Nous ne partageons point cette opinion ; nous n'avons pas de plus profond regret, en fait d'histoire, que celui que nous cause la ruine de tant d'éléments de haute civilisation qui périrent sous la main des barbares et sous la main des chrétiens eux-mêmes. Non-seulement la parole de l'Évangile était faite pour s'allier aux efforts tentés par quelques-unes des écoles de morale de l'antiquité, mais encore pour trouver, dans les sciences de ces écoles, un aveu de son excellence et une force de propagation ; car la parole chrétienne n'était hostile à personne, et elle répondait aux besoins généralement sentis du temps. Que si l'on m'objecte les persécutions qu'elle eut à subir, je réponds qu'elles furent le plus souvent maladroitement provoquées, et que toute doctrine sociale nouvelle, d'ailleurs, a naturellement à souffrir avant de triompher. Une preuve qu'il y avait dans la civilisation gréco-romaine des éléments propres à servir d'appui au dogme chrétien, c'est que tous les Pères de l'Église se sont formés aux écoles de cette civilisation, ou sous l'inspiration qui avait survécu à leur ruine. Une autre preuve, c'est que les idées chrétiennes n'ont véritablement fait leur chemin dans le monde et passé en pratique positive que depuis que la Renaissance a rendu au monde ces vestiges de science et d'art qui ont remis en marche l'esprit humain.

Nous sommes quelque peu embarrassé de dire quel fut le droit de la guerre au moyen âge. Cette période n'a pas d'histoire, c'est un abîme au fond duquel brille la lumière du christianisme, comme une veilleuse sur un cercueil. L'invasion des barbares nous présente une série de spectacles d'une désolation inouïe. C'est un torrent qui ne connaît aucune borne, et cette guerre porte généralement un caractère de destruction dont on ne voit pas distinctement le mobile, et que des sectaires ultrachrétiens poussent aux dernières extrémités, en vue de détruire le paganisme jusque dans ses fondements. Les barbares se disaient le *fléau de Dieu ;* et cependant ce n'était pas le fanatisme qui les poussait, car on distingue à peine s'ils avaient une religion.

La couche de barbares qui couvrit l'Europe à la suite de nombreuses invasions porta dans les mœurs une très-grande rudesse, et la guerre, même entre les nouveaux venus, eut un caractère très-sanglant, bien que le droit du vainqueur fût absolu et terrible, et l'amour des combats porté jusqu'à la passion, sans autre objet souvent que la manifestation de la force et de la valeur personnelle. Race chevaleresque, néanmoins, ces générations du Nord avaient apporté à notre monde un germe qui, sous l'enveloppe de ces formes brutales, devait produire, à la suite des temps, un des éléments moraux les plus caractéristiques de la civilisation moderne, le point d'honneur et l'esprit national.

Il est difficile, nous le répétons, de définir le droit de la guerre au sein de ce moyen âge où tout est confusion, si ce n'est en disant qu'il était absolu. Une seule autorité intervenait avec quelque efficacité et parvenait à en tempérer la rigueur; c'était celle de la religion chrétienne, qui, semblable à ce bois précieux du sandal qui embaume la hache qui le frappe, avait trouvé accès auprès de ces vainqueurs farouches et les vit quelquefois abaisser devant ses ministres l'homicide épée. Le christianisme était parvenu à opposer au droit de guerre deux garanties que l'ancienne Grèce avait déjà connues et rendues profitables à ses peuples : le *droit d'asile* dans les églises, en faveur des vaincus poursuivis par la victoire, et la *trêve de Dieu*, qui était une sorte de vacance imposée au jeu sanglant des combats.

L'autorité de la religion n'avait, toutefois, qu'une action morale, et Dieu sait combien de temps il faut à la plus sublime doctrine pour acquérir un triomphe définitif sur les passions les plus violentes. Non-seulement la religion chrétienne ne pouvait changer tout à coup la nature de l'homme et celle des sociétés, mais elle était encore nécessairement condamnée à se ressentir elle-même, non pas dans son essence incorruptible, mais dans l'exercice de sa mission, du contact de ces mœurs d'ignorance et de barbarie au milieu desquelles poussait le modeste germe qui devait, avec le travail des siècles et le libre retour des lumières, opérer l'universelle transformation. Le clergé, gagné par la lèpre de l'ambition, ne pactisa que trop souvent avec les imperfections de l'époque. Aussi vit-on, à côté du droit d'asile et de la trêve de Dieu, les *jugements de Dieu*, qui n'étaient autre chose que le duel autorisé quelquefois par la présence des prélats et dont l'aveugle décision faisait loi.

La servitude résultant du droit de la guerre resta un fait constant durant le moyen âge, et, au rapport de Grotius, ne fut légalement abolie qu'au treizième siècle. On peut prouver, par un grand nombre de passages de saint Grégoire de Tours, qu'on la pratiquait sous les rois mérovingiens sans encourir la censure ecclésiastique.

Les mérovingiens, d'après Enneccius et Ducange, traînaient en captivité tout ce qu'ils prenaient en guerre et en faisaient des esclaves ou serfs sur lesquels ils avaient droit de vie et de mort. Lorsqu'un seigneur mariait sa fille, il lui donnait pour présent de noces un certain nombre d'esclaves qui suivaient son équipage, liés sur des chariots, de crainte qu'ils ne s'échappassent.

Depuis le règne de Clovis, dit Gibbon, les lois et les mœurs de la Gaule tendirent, durant cinq siècles consécutifs, à étendre la servitude personnelle et à en assurer la durée. La violence effaça presque entièrement tous les rangs intermédiaires de la société et ne laissa entre les nobles et les esclaves qu'un petit nombre d'hommes obscurs. Les nobles, qui prétendaient, à tort ou à raison, tirer leur origine des Francs, indépendants et victorieux, usèrent et abusèrent de l'incontestable droit de conquête sur une foule de plébéiens et d'esclaves, à qui ils imputaient, à titre d'ignominie, d'être d'extraction gauloise ou romaine. L'Auvergne étant restée fidèle aux Visigoths, Théodoric, fils de Clovis, menant contre eux un troupeau de soldats d'Austrasie qu'il avait à son service, leur disait : « Suivez-moi en Auvergne; c'est un pays où vous trouverez de l'or, des troupeaux, et je vous donne ma parole de vous abandonner le peuple, que vous emmènerez, si vous le voulez, en esclavage dans votre pays. La conquête eut lieu en effet, et cette contrée, qui possédait encore une institution sénatoriale, fut entièrement ravagée. Saint Grégoire cite un jeune homme, fils de sénateur, nommé Atale, que le droit barbare de la conquête réduisit à la condition de berger. L'esclavage fut donc durant le moyen âge un fait constant, résultant de l'empire de la force; et ce fait est moins étonnant par lui-même que la tolérance de l'Église à son sujet. Et non-seulement l'Église ne s'élevait pas assez contre cette difformité sociale au nom du principe chrétien, mais ses chefs eux-mêmes donnèrent quelques exemples capables de l'autoriser. C'est ainsi que, au rapport des historiens du temps, le pape Boniface VIII condamna tous les vassaux du prince Colona à être menés en servitude et vendus, sort dont furent également frappés une partie des Florentins et des habitants de Bologne, les premiers par ordre de Sixte IV, et les derniers par Jules II, qui les avait vaincus en personne.

Et à travers les vagues rayons de lumière historique qui pénètrent dans l'obscurité de ce moyen âge, trop regretté, selon nous, par quelques esprits, on aperçoit encore des scènes plus effrayantes, s'il est possible, que le spectacle de la servitude imposée par le vainqueur au nom de la force brutale : ce sont les massacres presque fabuleux qui avaient lieu en guerre dans ces temps-là. A la bataille de Châlons-sur-Marne, Mérovée, au rapport des historiens, taille en pièces deux cent mille hommes à Attila. A la bataille de Poitiers, Charles-Martel en tue trois cent mille aux Sarrasins. Là, pas un prisonnier; la main a frappé « comme le marteau qui brise le fer ! » Clovis est sans pitié pour les chefs des tribus franques qu'il a vaincus, et, bien qu'ils fussent presque tous ses parents, il fait massacrer les uns, tue les autres de sa propre main et s'empare de leurs États ; déplorable exemple qui est malheureusement suivi par les successeurs de ce roi, le premier des rois chrétiens. Charlemagne lui-même, ce monarque dont le génie sans égal jette une si vive clarté au milieu des ténèbres de la barbarie, fait égorger six mille Saxons que la victoire lui a livrés, et souille le plus beau des règnes par toutes sortes de cruautés.

Telles étaient les mœurs de l'époque, et nous

aurions tort de les critiquer au point de vue de la civilisation actuelle; aussi ne les rapportons-nous que pour suivre le fil du sujet que nous nous sommes proposé. Que serait-ce donc si nous suivions ces générations du moyen âge jusque dans les détails que présente l'ère de la féodalité; ces guerres de baron à baron, dans les provinces, qui recommençaient toutes les années et ne laissaient aux populations que le temps d'ensemencer les champs pour les ravager? Que serait-ce si nous rappelions tous ces princes temporels et spirituels qui ont pris part à la guerre trois fois séculaire des Guelfes et des Gibelins, déchirant chacun de leur côté la carte de l'Europe, sans autre but que celui d'une domination stérile?

Qu'était devenu le christianisme lorsque des prélats, des pontifes même, ceignaient l'épée, excitant au meurtre, et alors qu'un pape, mis en demeure de prononcer sur l'usurpation d'une couronne arrachée par la trahison, répondait à la face de l'Europe: « *L'autorité appartient à celui qui a le pouvoir de l'exercer*, » parole réputée sainte qui allait servir de fondement à une nouvelle dynastie en France et y corroborer pour huit siècles le règne de la féodalité? Qu'était devenu le christianisme et sa morale pacifique et fraternelle dans ces guerres des croisades, qui donnèrent l'exemple de tous les crimes, ou dans celle qui fut faite, au nom du christianisme lui-même, entre chrétiens, et au milieu de laquelle un prélat portant la croix criait aux combattants : « N'épargnez personne; Dieu reconnaîtra bien les morts qui lui appartiennent, » parole la plus atroce que jamais le fanatisme ait inspirée.

Hâtons-nous de le dire, cependant : du milieu de cette corruption oppressive et sanglante, il s'élevait, de temps à autre, de vrais apôtres du christianisme. Les cloîtres, devenus l'unique refuge des âmes qui répugnaient à la grossièreté des mœurs, séjour de contemplation solitaire où allaient se refléter sans en troubler la paix les événements du monde, produisirent à des intervalles inégaux des hommes animés du désir d'entretenir dans sa pureté la doctrine de l'Évangile. Les Pères de l'Église étaient ignorés et oubliés, il est vrai, et les moines du moyen âge, peu capables d'en comprendre la grandeur et les beautés. Mais la foi vive de quelques-uns d'entre eux suppléa souvent à l'absence des lumières, et en fit des réformateurs qui élevaient la voix avec une noble liberté contre les hommes de sang et contre la tyrannie. L'Église elle-même ne demeura pas sans consistance. Le moyen âge fut, au contraire, son plus beau temps et son règne; et si ce fut pour elle une grande gloire, il lui en est resté aussi une immense responsabilité.

De grands efforts eurent lieu pour tirer de l'abîme du moyen âge les nations brisées et reconstituer l'unité qu'avait détruite la conquête. L'Église et les empereurs travaillèrent à cette œuvre colossale, quelquefois de concert, mais plus souvent en opposition, ou avec la secrète et naturelle pensée de se faire servir mutuellement à l'accomplissement de leur but respectif. Rappeler Grégoire VII et Innocent III, Charlemagne et Charles-Quint, c'est assez dire à quelle hauteur furent portés, non-seulement la puissance, mais le désir de fonder une institution capable d'agréger les sociétés à un principe commun d'autorité, indispensable à toute paix.

Les efforts des princes temporels, toutefois, n'eurent que des conséquences bien imparfaites dans le sens de l'unité, et le testament du plus grand de tous laisse à douter qu'il eût véritablement compris le rôle solennel auquel il semblait avoir été appelé; car, après avoir formé un immense empire, il le partageait à ses fils comme un héritage purement territorial.

L'Église porta plus haut l'intelligence de l'autorité et de l'unité. De temps à autre, à travers les désordres qui affligeaient son propre intérieur, quelques esprits inspirés de la lumière et de la sagesse chrétienne reprenaient l'œuvre où d'autres l'avaient laissée. L'éternel honneur de l'Église sera la constitution et la mise en pratique des conciles. Les conciles œcuméniques, représentations majestueuses de la chrétienté, présidés par un pape élu dans leur sein, étaient la figure d'une juridiction universelle; ils en firent souvent les fonctions. C'est là que s'élaboraient, par la discussion, ces décisions canoniques que chaque prélat composant la réunion emportait dans son diocèse, jusqu'au bout du monde, et y faisait observer comme l'universelle et unique loi. C'etait un noble et solennel spectacle que celui de ces assemblées sénatoriales élevant et faisant rayonner au-dessus de la barbarie du moyen âge les principes et les lumières qu'elles portèrent longtemps dans leur sein. Leurs décisions étaient la loi morale du monde, la loi d'unité. Le pape, parlant au milieu d'elles, portait la parole au nom des peuples, et en était à la fois le grand pontife et le tribun. Les princes appelaient quelquefois l'arbitrage des conciles ou celui du pape sur leurs différends, et évitaient, en s'y conformant, la nécessité de la guerre. Quelquefois aussi, la censure canonique intervenait contre les meurtriers ou contre la déloyauté de certains faits d'agression, et cette censure n'était point sans effet pour adoucir la brutalité des hommes du temps. On vit des conciles déposer des princes et en élever d'autres à leur place, et des papes porter, de leur unique initiative, l'interdit sur des nations. Du temps de Charlemagne et de ses successeurs, les princes se considéraient généralement, en Europe, comme *justiciables du concile*, qui pouvait les détrôner. La résistance de Philippe Ier et de Frédéric Barberousse sert plutôt à affirmer qu'à nier cette assertion. C'est assez dire que l'autorité de l'Église fut, à un jour donné, hautement et complétement fondée ; mais il reste un problème à résoudre : comment et pourquoi a-t-elle perdu cette précieuse autorité?....

Il faut donner de profonds regrets à la suppression de ces réunions universelles, au sein desquelles se débattait la politique du monde entier, et déplorer, en particulier, l'esprit d'intolérance qui les envahit dans les derniers temps de leur splendeur. Cette intolérance fut cause que ce qu'on appelait l'hérésie, au lieu de se vider dans le sein des conciles, en s'y développant librement, alla porter ailleurs la liberté qui lui était propre, et avec cette liberté, séparée de l'autorité régulière, les révolutions religieuses et politiques, qui datent principalement du seizième siècle et poursuivent encore leur cours irrégulier à travers le monde.

Incontestablement le principe de juridiction universelle et d'unité jouait un puissant rôle dans les conciles. La forme représentative, tradition vivante de la primitive Église, y maintenait un germe social qui n'eût pas manqué de se développer au contact des idées largement répandues plus tard par les sciences et l'industrie de la presse. Assurément ces assemblées fussent sorties de leurs abstractions nébuleuses, une fois que le monde des faits les eût enveloppées. Les obstacles qu'elles formaient aux libres travaux de la philosophie ne nous effrayent point; ces obstacles eussent discipliné les esprits dans leur indépendance; mais à son tour la philosophie eût concouru à soutenir la vie et l'action du principe chrétien, comme elle fait de nos jours, mais dans des conditions plus régulières. On eût vu, disons-nous, les conciles œcuméniques présider à l'expansion de la civilisation moderne, et l'Église, devenue accessible aux éléments d'assimilation, tenir de haut la balance entre les empires, et réaliser, par l'exercice de la juridiction internationale, leur unité positive.

Dès lors, en effet, la réforme religieuse et les révolutions politiques qui ont eu lieu depuis le seizième siècle n'eussent point été nécessaires. Le progrès renfermé dans un cercle régulier eût opéré son rayonnement du dogme religieux à la loi, et de la loi à l'administration comme à l'économie des États. L'Église fût demeurée l'orbite autour de laquelle eût gravité le mouvement social, et, à l'heure qu'il est, le concile œcuménique formerait une *justice de paix* universelle, dont les États seraient heureux d'accepter les décisions; car la religion, en suivant une semblable voie, eût préludé, avec l'unité de principe et de morale, à l'unité d'intérêts, et établi régulièrement le *droit commun des peuples*, droit dont la formule est encore absente, et qui peut seule cependant mettre d'accord les nations et substituer ses arrêts à la brutale initiative de la guerre.

L'Église, malheureusement, ne se maintint pas à la hauteur d'une mission si élevée. Au lieu de rester dans cette forme des conciles, qui était la représentation des lumières et des besoins de la chrétienté, elle fit la faute d'abdiquer son indépendance en faveur d'un chef unique, et de laisser usurper à ce chef toute la vie et toute l'autorité, donnant ainsi un funeste exemple à la politique des États. Dès lors, tout dans l'Église se réduisit aux proportions de la faiblesse individuelle; l'Esprit qui avait dit : *Je serai au milieu de vous quand vous vous réunirez*, ne lui souffla plus ses inspirations; la connaissance des besoins des peuples lui devint de plus en plus étrangère, son influence s'amoindrit sans cesse; et cette grande puissance qu'on avait vue étendre l'empire de ses décisions sur le monde, devenue, par la personnalité du chef, une sorte de rivale des rois, ne tarda pas à subir les effets de cette rivalité. La papauté fut abaissée à recevoir les ordres des princes de l'Europe, et perdit jusqu'à la faculté de convoquer les assemblées de l'Église. C'en était fait d'elle le jour où elle ne trouvait plus l'appui de l'opinion publique représentée dans les conciles contre un abaissement semblable, et sa pourpre était devenue son linceul.

Ainsi donc les conciles œcuméniques ne sont plus qu'une de ces visions sublimes que le christianisme a fait briller sur le monde, un germe d'institution jeté en terre, qui peut y prendre racine et s'élever en haut. Qu'ils doivent renaître et rendre à l'Église sa splendeur et sa souveraine autorité, c'est peu probable, alors même que l'Église rentrerait dans la plénitude de ses libertés. Pour concevoir la possibilité d'un tel phénomène, il faudrait lui supposer l'intention de réformes propres, d'abord, à faire rentrer sans répugnance dans son sein les fractions dissidentes; il faudrait ensuite qu'elle eût fait preuve d'une nouvelle vie en rapport avec la vie et les nombreux besoins des sociétés modernes. L'Église vient d'être réunie à Rome sous la présidence du saint-père, au moment où la guerre déclarée menace d'embraser l'Europe entière. Le concile s'est-il préoccupé de cette calamité qui pèse sur le monde; a-t-il émis seulement un vœu de conciliation? non; il est resté étranger à ce qui fait la sollicitude générale, pour s'occuper uniquement d'une abstraction; — si toutefois encore il s'en est occupé, et si ses membres n'ont pas abdiqué de nouveau l'indépendance et la dignité de la représentation canonique.

La vie politique est donc passée entièrement, comme l'héritage d'une mère à ses enfants, dans les sociétés devenues, avec leurs gouvernements, des *églises laïques*. Ce sont ces églises qui, à l'imitation du christianisme dont elles portent en elles l'essence, relèveront un monument analogue aux grands conciles de l'Église, afin de constituer leur unité, et marcher en bon ordre dans la voie rapide où elles sont entraînées de nos jours par une irrésistible destinée, voie obscure et semée d'assez d'écueils pour que le péril général donne naissance à un intérêt commun.

CHAPITRE VIII

LE DROIT DE GUERRE AU MOYEN AGE (SUITE).

Il n'y eut pas, d'abord, avons-nous dit, de droit de guerre ni de droit des gens défini dans le moyen âge, où la féodalité avait pour devise *Dieu et mon épée !* L'instinct barbare des peuples du Nord qui s'étaient rués sur l'Europe occidentale et méridionale ne fut tempéré çà et là que par des lueurs de la morale chrétienne. Ces divers peuples y avaient apporté chacun leurs lois civiles, mais on ne remarque dans ces lois aucun indice de droit international. Ils vivaient dans leur alvéole respective, administrés selon ces lois que les empereurs se plaisaient à respecter. Mais elles conservaient un caractère d'individualité et de localité que ne firent point disparaître les tentatives de Charlemagne et de saint Louis, pour établir entre elles un lien d'unité. L'Église seule dominait de haut ces embryons de monde, et semblait s'efforcer de les amener à l'unité. Elle eût été en mesure de dompter jusqu'à un certain point la guerre dans laquelle se ruaient, sans interruption, ces peuples divisés. Mais évidemment un tel objet n'entrait point et ne pouvait guère entrer dans les desseins de l'Église. La raison, en est qu'elle portait en elle un système social radical qui excluait les nationalités, et qu'elle aspirait à constituer l'unité sur des circonscriptions entièrement appropriées à ce système.

A ce point de vue, qui a peut-être échappé jusqu'à ce jour à l'observation, l'Église n'avait point intérêt à empêcher la guerre; car la guerre, en affaiblissant les princes et les peuples, lui donnait, à elle, une augmentation relative de puissance. Elle pouvait penser que cette immolation mutuelle de la partie grossière des sociétés amènerait, soit par l'épuisement des forces matérielles, soit par leur destruction, le règne paisible et incontesté de la religion.

Nous nous tromperions, toutefois, si nous laissions croire que l'Église adoptait autrement le principe de la guerre. Elle l'interdisait dans son sein à ses oints et à ses fidèles. Le prêtre ne devait point verser le sang; il lui était interdit de porter les armes, et les faits contraires, quand il se sont produits, n'infirment point les décisions canoniques à cet égard. Mais les tempêtes sanglantes qui s'élevaient entre les princes et les peuples n'émouvaient guère l'Église, et l'on comprendra, en raison d'un système habilement conçu de rénovation sociale, que l'Église, tout en condamnant en principe la guerre, n'eût aucune répugnance à la voir faire là où elle pouvait être un instrument d'affaiblissement et de destruction des royaumes temporels.

Telles furent, disons-nous, les dispositions secrètes de l'Église, dans la question qui nous occupe; et nous croyons nous en rendre compte par l'impuissance où elle se trouvait de donner un emploi aux forces naturelles de la société, et de les diriger dans leur voie providentielle.

L'Église restait exclusive de tout ce qui aspirait à une autre vie que la vie intime, abstraite et contemplative. Elle élevait entre elle et le monde une barrière, nécessaire peut-être à sa conservation et à son intégrité, mais qui entraînait de graves dangers pour l'avenir; car ce n'était rien moins que perpétuer entre le spirituel et le temporel cet antagonisme qui a abouti au profond abaissement où nous voyons l'Église tombée.

J'ai bien souvent réfléchi sur les causes qui avaient réduit l'Église à l'impuissance de maîtriser et de diriger dans la plénitude et l'unité les éléments sociaux? Je n'ai point trouvé cette cause dans le dogme fondamental du christianisme, mais dans des doctrines opposées dès les premiers temps à ce dogme. L'ascétisme en faisait le fondement. Cette funeste tendance, combattue dans les trois premiers siècles par les Pères de l'Église, avait fini par triompher, et les moines, de retour de la Thébaïde, vers la fin du quatrième siècle, avaient contribué à en étendre l'empire. Dès lors l'homme ne devait plus voir que par les yeux de la foi, et son existence en ce monde n'était qu'un passage où non-seulement il était inutile, mais encore damnable, de songer à d'autres béatitudes que celles de la vie éternelle, ce qui était, assurément, outrer une vérité jusqu'à la fausser complétement. On conçoit, en effet, que la logique de cette étrange doctrine condamnait d'un seul coup les sciences, les arts, l'industrie, l'économie politique, le commerce, et tant d'éléments de l'activité humaine, dont le développement est trop naturel et nécessaire pour être en opposition à la loi de Dieu. L'Église, trop pénétrée de cette funeste tendance, crut que l'immobilité était l'idéal à atteindre pour les sociétés ; tout mouvement lui répugnait ; elle ne le tolérait ni dans les idées ni dans les choses : il n'y a pas de science ou d'invention qu'elle n'ait anathématisée. Si l'Église n'atteignit point à la haute gloire qu'elle s'était proposée, de donner au monde l'autorité souveraine de l'unité, ce fut donc parce qu'elle se brouilla avec ce monde en s'opposant au développement naturel de ses facultés, à la satisfaction de ses besoins légitimes, et au progrès général. en un mot, qu'elle n'avait qu'à régler et discipliner moralement de la hauteur où elle exerçait son autorité. Les sociétés, mutilées dans leur croissance, demandèrent à la loi naturelle des dispositions plus conformes à la liberté chrétienne et à la légitimité de leurs tendances. Du jour où elles purent retrouver quelques rayons de cette lumière qui avait brillé sur le monde dans l'antiquité, elles dépassèrent rapidement l'Église en fait de législation. Mais, pas plus que l'ancienne Église, les nations n'ont encore réalisé le problème de l'unité. C'est là l'œuvre qui leur reste à faire pour vivre en paix, et à laquelle semblent concourir les opinions aussi bien que les nécessités de notre temps.

Au milieu de la confusion dans laquelle tout était tombé durant le moyen âge, on pouvait cependant reconnaître encore de précieux débris des institutions de l'antiquité. Les lois romaines n'avaient pas entièrement disparu de la surface de l'Europe. Les républiques d'Italie en firent revivre l'étude, et y trouvèrent de précieux germes pour réédifier, non pas seulement le droit civil, mais aussi le droit des gens. Le clergé aussi, sans doute parce qu'il était plus instruit que le peuple, suivait dans l'administration de ses affaires les lois romaines. Les républiques italiennes étaient elles-mêmes constituées d'après la loi municipale des Romains, qui avait été conservée sous la domination successive des Lombards, des Francs, des empereurs grecs et des papes. Tous les publicistes qui ont précédé le seizième siècle ont invoqué l'autorité des jurisconsultes romains et celle des canonistes. Après la réforme religieuse, les protestants, qui déclinaient l'autorité de l'Église, ne cessèrent point de se rattacher au droit romain, comme raison écrite et comme code universel.

Il y avait dans ces restes de l'antiquité des éléments précieux de législation, à côté du droit canonique, riche lui-même d'expériences tirées par les casuistes de la nature morale de l'homme et des décisions des conciles. Avec le temps, le droit romain et le droit canonique devaient produire leurs effets sur les esprits. Aussi, dès les approches de la Renaissance, on vit, tant dans le clergé que dans les hommes des universités, un grand nombre d'auteurs traitant du droit civil, et qui abordaient les sujets de droit international avec une entière liberté. Quelques-uns avaient approfondi spécialement le droit de guerre ; c'était Henri de Gorcon, Guillaume Mathieu, Lupus, Arius, Jean de Lignan, Martin de Lyon, Gentil et Ayala. Mais ceux qui remplirent le plus dignement cette tâche au seizième siècle furent le dominicain Vittoria, professeur à Salamanque, et Soto, son élève. Ces deux casuistes combattaient avec une courageuse indépendance les guerres cruelles que la rapacité de leurs compatriotes leur faisait entreprendre dans le nouveau monde. Soto a condamné, dans les termes les plus précis, la traite des nègres d'Afrique, qui commençait alors à être pratiquée par les Portugais qui attiraient les naturels vers les côtes, sous de faux prétextes, et les transportaient ensuite, par force, à bord de leurs vaisseaux négriers.

Les dissertations (*Relectiones theologicæ*) de Vittoria sont si brillantes de lumière et de moralité, que c'est plaisir de s'y arrêter. Il soutient nettement le droit des Indiens à la domination exclusive sur leur propre pays. Il réfute l'assertion de Barthole et des autres jurisconsultes de l'école de Bologne, qui veulent que l'empereur soit souverain du monde entier, et que le pape ait le droit de conférer aux rois d'Espagne la souveraineté des pays habités par des païens. Il fait consister le droit des Espagnols dans ce qu'il appelle le *droit naturel de la société*, qui consiste à trafiquer en cette partie du monde, sans toutefois causer du tort aux habitants.

Cependant Vittoria considère le refus du droit de trafiquer comme une cause suffisante pour justifier une déclaration de guerre qui, alors, pourrait conduire à l'acquisition de la souveraineté résultant de la conquête et de la soumission des peuples conquis.

Il conteste aux chrétiens le droit de faire la guerre aux infidèles parce qu'ils refusent de recevoir les lumières de l'Évangile ; mais il admet qu'il y a de leur part obligation de laisser prêcher l'Évangile à ceux qui veulent l'entendre, et à ne point faire de mal aux convertis. Il s'efforce de prémunir le zèle de ses compatriotes contre toutes les violences qui peuvent être faites sous prétexte de religion.

Vittoria, examinant spécialement les droits de la guerre, pose les quatre questions suivantes :

1° Des chrétiens peuvent-ils, en toute justice, faire la guerre?

2° A qui appartient le droit de déclarer et de faire la guerre?

5° Quelles sont les circonstances qui peuvent justifier une guerre?

4° Dans une guerre réputée juste, quels sont les droits que l'on a sur l'ennemi?

Sur la première question, Vittoria répond que les chrétiens ont le droit de s'engager dans une guerre défensive, de résister à la force par la force, et de ressaisir les biens dont l'ennemi s'est emparé. Ils peuvent même s'engager dans une guerre offensive, si elle a pour objet la réparation d'une injustice. Il soutient les propositions du droit naturel par une foule de citations tirées de l'Écriture et des Pères de l'Église.

Il répond à la seconde question en disant que le droit de faire la guerre appartient à chaque particulier pour défendre sa personne et ses biens; mais qu'il y a entre un particulier et l'État cette différence, que le droit du premier se borne à sa propre défense, et ne s'étend nullement à la réparation des torts qui lui ont été faits. Le recours à la force ne peut avoir lieu que quand le danger est présent (*in incontinenti*). L'État, au contraire, a le droit non-seulement de se défendre lui-même, mais encore de demander réparation des torts qui lui ont été faits ou à ses sujets (par la raison probablement que l'État est revêtu de la juridiction); d'où il résulte que les États seuls ont le droit de faire la guerre.

A la troisième question, Vittoria répond en faisant observer que la diversité de religion ne peut pas être considérée comme un juste motif de guerre, pas plus que le désir d'étendre sa puissance ou d'acquérir une plus grande gloire. La différence, dit-il, entre un roi juste et un tyran, c'est que le premier règne pour le bien de son peuple, tandis que le second ne règne que dans son propre intérêt. C'est faire des esclaves de ses sujets, que de les forcer à prendre les armes, non dans l'intérêt public, mais dans celui du prince seulement. Le droit naturel défend de tuer les innocents; il est donc injuste de faire la guerre à ceux qui ne nous ont fait aucun mal. Une cause de guerre est l'injure faite d'un État à un autre ; cependant cette injure, pas plus entre les États qu'entre les particuliers, ne comporte constamment la déclaration de guerre ; il n'y a pas toujours assez de gravité dans les injures pour légitimer les massacres de la guerre, pas plus que pour les punir de mort dans l'état civil...

A la quatrième question, il répond qu'en temps de guerre il est permis de faire tout ce qui est nécessaire pour la défense et la conservation de l'État ; qu'il est juste de reprendre à l'ennemi ce qu'il a pris ou d'en exiger la valeur, comme aussi de lui enlever assez d'argent pour faire compensation aux frais de guerre. Il permet même d'aller plus loin, et d'occuper le pays ennemi et ses forteresses jusqu'à ce qu'on ait obtenu la paix.

Mais, ici, une question considérable se présente à l'esprit de Vittoria, et il la résout habilement. C'est de savoir à quels caractères on distingue une guerre juste de celle qui ne l'est pas. Il convient que de part et d'autre on peut se croire dans le droit. En ce cas, dit le casuiste, un prince doit consulter les hommes les plus éclai rés de sa nation et le faire consciencieusement : là est sa responsabilité.

Vittoria demande s'il est juste, dans la guerre, de tuer des innocents ? Il répond négativement et dit qu'il ne faut mettre à mort ni les femmes, ni les enfants, qui doivent être considérés comme innocents. La même prohibition s'étend aux laboureurs en général, à toutes les personnes engagées dans la vie religieuse ou civile, ainsi qu'aux étrangers qui se trouvent dans le pays ennemi. Cependant ces personnes peuvent être privées de leurs biens s'ils consistent en des moyens de guerre, tels que des vaisseaux ou de l'argent. Mais si la guerre peut être faite sans cela, il ne faut enlever ni le bien des laboureurs, ni celui des autres personnes inoffensives. Il n'est pas plus permis d'emmener en captivité des femmes et des enfants ou autres personnes inoffensives que de les mettre à mort. On n'a pas non plus le droit de réduire en esclavage les prisonniers de guerre, mais celui seulement de les retenir jusqu'à ce qu'ils aient été rançonnés à des prix raisonnables n'excédant jamais les frais de guerre.

Quant à la question de savoir si toutes les personnes qui portent les armes contre nous peuvent être mises à mort, il répond en disant que, dans l'ardeur du combat (*in periculo*), toutes celles qui continuent à résister sont passibles de mort. Le seul doute qui peut se présenter, c'est dans le cas où la victoire est déjà assurée et où il n'y a plus rien à craindre de la part de l'ennemi. Notre théologien sur la loi du *Deutérome* déclare que, dans ce doute, il est permis de massacrer les ennemis qui ne résistent pas ; mais, revenant bien vite à ses bonnes dispositions naturelles, il modifie par sa propre raison les rigueurs puisées dans sa foi aux Ecritures et ajoute qu'en ce cas cela ne peut être permis qu'en vue de frapper de terreur et dans l'intention d'obtenir une paix honorable.....

Sous le règne de Charles-Quint, Balthazar Ayala, grand prévôt de l'armée, écrivit sur cette matière ; il était de l'école de Vittoria, et n'a souvent fait que répéter le maître. Dans un chapitre où il traite des conventions entre les États, il établit, par un heureux souvenir de ce que les empereurs romains dirent à Antiochus, qu'il y a trois sortes de traités ou conventions :

1° Les traités dans lesquels le parti vainqueur fait la loi aux vaincus ;

2° Les traités de paix et d'alliance fondés sur les bases de la libre réciprocité entre les États ;

3° Les traités d'alliance entre nations qui ne se sont jamais fait la guerre, traités qui peuvent être divisés même en traités d'alliance offensive et défensive et traités de commerce.

C'était poser convenablement et avec méthode des questions très-considérables en fait de droit des gens. Si nous ajoutons enfin qu'Ayala a établi comme principes le respect et l'inviolabilité des ambassadeurs, nous aurons donné un aperçu important déjà de la situation dans laquelle se présentaient, à la fin du moyen âge, les questions de droit de guerre et de droit des gens.

CHAPITRE IX

LE DROIT DE GUERRE DEPUIS LA RENAISSANCE.

Les républiques italiennes, en donnant accès aux lumières et en protégeant hautement l'indépendance de la pensée, tirèrent l'Europe des dédales du moyen âge et sauvèrent la civilisation. Incessamment troublées dans leur existence politique, ces troubles n'empêchèrent point qu'une noble émulation pour les sciences ne s'établît entre les universités fondées dans leur sein. Ce furent ces universités surtout qui remirent en honneur le droit romain, dont la collection s'était retrouvée à Amalfi; on vit ce droit enseigné dans leurs chaires comme il l'avait été aux beaux jours de la république et de l'empire, sous lesquels il s'était formé. Là, des professeurs qui ont laissé un nom célèbre posaient savamment des questions qui, précédemment, n'avaient été envisagées qu'au vague point de vue de la casuistique et de la morale; le droit international, la guerre et la paix y avaient leur part à côté du droit civil. Ce que la diplomatie appelle aujourd'hui l'*équilibre des États* fut une création des républiques italiennes introduite dans le droit. Cette politique, purement dynamique et stratégique, bien naturelle à des États qui ne faisaient que naître à la nationalité, fut la base de l'enseignement dont Florence était le brillant foyer. Elle reconnaissait qu'il n'y avait de salut pour chaque peuple que dans la réaction réciproque, et qu'il fallait qu'ils se maintinssent mutuellement dans les limites du droit.

Nous ne saurions faire un grand éloge de cette invention après avoir admiré le majestueux édifice élevé au moyen âge par l'Église pour constituer l'unité. Ce qu'il y a de mieux à dire, c'est que les républiques italiennes, à l'exemple de l'antiquité, procédaient *à posteriori* dans leurs institutions, et que cette méthode est excellente en toute chose pour arriver à la perfection des formes; c'est le rationalisme proprement dit, c'est la règle par laquelle procède la nature dans ses diverses créations. Mais cette politique de pur antagonisme reste au-dessous de la morale et séparée d'elle; et ce n'est pas de la rencontrer dans les embryons d'État comme les républiques italiennes du moyen âge que nous devons nous étonner, mais de ce qu'elle a pu faire, bien longtemps après, la gloire d'Élisabeth d'Angleterre et d'Henri IV de France, et qu'elle forme encore de nos jours l'auréole d'un grand nombre d'hommes d'État.

C'est ici que nous rencontrons le célèbre Machiavel. Machiavel a été longtemps pour moi un insoluble problème, et je me suis bien souvent demandé si l'auteur du *Prince* était honnête homme. Rien dans la vie du secrétaire de la république de Florence ne dément cette opinion. Son ouvrage des *Commentaires*, son *Théâtre*, moins connu, les conseils éclairés qu'il fit passer dans les affaires de sa patrie, sont loin de porter le témoignage de tendances mauvaises. Machiavel était d'une époque où la violence et la corruption dominaient tout, et l'expérience prouve que, là où les passions débordent, une politique appuyée sur la stricte morale peut dégénerer en duperie, et que les hommes d'État ont pu, selon les temps, dans des circonstances exceptionnelles, s'en séparer momentanément, sauf à rectifier leurs intentions devant Dieu et devant l'histoire.

Machiavel, par le tableau qu'il traça de l'État de la société et du droit public au seizième siècle, voulut sans doute entrer hardiment dans l'abominable vérité et appeler dans l'ordre légal un réformateur capable de dire la vérité aux rois, aux peuples, comme aussi à la cour romaine, et en émouvant vivement l'opinion par le froid exposé des choses, mettre un terme au fléau moral. Ce réformateur parut dans la personne d'Ugo Grotius, qui naquit vers la fin de ce siècle. Le grand mérite de ce publiciste fut une tendance pratique et une saine disposition d'esprit à sortir de l'absolutisme pour faire la part de deux lois bien distinctes et souvent opposées, du moins en apparence, la loi du droit et celle des faits. Également distingué comme savant et comme jurisconsulte, il consacra tous ses talents au service de l'humanité et d'une patrie dont il fut persécuté. Vittoria, Thomas d'Aquin, Albert le Grand, Bacon, Albéric Gentil, Solden, furent hautement dépassés par Grotius. Il défendit la liberté des mers, comme étant le patrimoine de toutes les nations, contre les prétentions exagérées de l'Angleterre et du Portugal, par rapport à la navigation et au commerce des Indes orientales, et contre l'enseignement de Selden, qui professait la propriété des mers avec son *Mare clausum*. Engagé dans les discussions irritées de son époque sur les matières religieuses, il sut cependant se tenir dans une grande impartialité entre les catholiques et les protestants, tolérance rare à cette époque de bigotisme et de persécution. Son ouvrage *De pace et bello* marqua une ère de jurisprudence pratique dans le droit des gens. Ce ne furent plus les sentences d'une morale inflexible contre la guerre, telles que celles d'Érasme, par exemple, qui procédaient directement du principe pur. Grotius accepte la loi de la guerre comme une malheureuse nécessité. Il prévoit que les luttes brutales ne finiront qu'avec l'amélioration des mœurs, et il ne songe plus à opposer au torrent une barrière, mais à en diriger le cours. Il y aura donc un code de la guerre aussi bien qu'un code de la paix, et l'esprit chrétien, s'il ne fait pas tomber immédiatement le glaive des mains, pénétrera cependant peu à peu dans les horreurs du carnage pour en mitiger les horreurs, semblable à la sœur de charité qui panse les blessures homicides des combattants.

Grotius avait donc conçu le dessein, modeste en apparence, mais d'une immense portée, d'abolir la guerre, non pas directement et par l'autorité, restée toujours vaine, des principes, mais en en diminuant progressivement les inconvénients et les maux. Le motif qu'il en donne lui-même, pour expliquer le but de son livre, est, selon nous, le plus noble qu'un publiciste chrétien puisse se proposer. « Je voyais, par toute la chrétienté, dit-il, une facilité à faire la guerre qui ferait rougir les barbares eux-mêmes; des guerres commencées sous des prétextes futiles, et faites sans égard pour aucune loi, oit divine, soit humaine, comme si une déclaration de guerre déchaînait nécessairement tous les crimes... » Grotius admettait donc par amiable composition que les lois civiles se tussent en temps de guerre; mais il réclamait en faveur des lois naturelles éternelles qui conviennent à tous les temps, que rien ne peut étouffer dans le cœur des hommes et dans l'opinion universelle. C'était sur cette observation importante que Grotius jetait les fondements d'un droit international, distinct du droit civil et des décisions canoniques dont les casuistes avaient mélangé toutes les discussions de cette nature. Il posa ces distinctions sous la forme d'un *droit des gens naturel* et d'un *droit des gens positif* ou *conventionnel*. Par cette dernière définition, il se ralliait au droit romain, et par la première, il se raillait à la fois au droit chrétien et à celui dont les anciens avaient dit : *Jus non scriptum quod consensus fecit*.

On s'arrête avec plaisir aux principes généraux posés par Grotius : « La force, dit-il, n'est pas le droit... L'homme jouit d'une raison pour se diriger; il est sociable, et a reçu de Dieu les notions du juste et de l'injuste... Il doit secours et protection à son semblable... Il y a des droits et des devoirs réciproques... Chacun doit tenir sa parole... Les sociétés humaines ne peuvent se diriger que par le droit... La guerre n'étant qu'un état de choses violent et un moyen d'obtenir réparation d'un tort, n'autorise pas à violer les règles de la justice et de l'humanité... »

Grotius distingue deux sortes de guerres : la guerre privée et la guerre publique. « Il n'y a de légitime que la défense. — Je suis arrêté en mer par un pirate, j'ai certainement le droit de me défendre. On a toujours le droit de se faire justice, si la justice du magistrat ne peut être invoquée... »

Grotius estime que les États, quoique non égaux en force, sont égaux en droits.

Il ne reconnaît le droit d'intervention étrangère dans les affaires intérieures d'un État qu'autant quelle est invoquée par les deux partis, et, alors, c'est un arbitrage.

Il établit que « les neutres doivent jouir de la faculté de continuer leur commerce avec les puissances belligérantes, et qu'ils ne font, en cela, qu'épuiser un droit naturel. Mais il leur est défendu de porter des objets servant à la guerre, ou de ravitailler une place réellement investie et près de succomber;... que le blocus est légitime s'il est réel et non fictif, parce qu'il est devenu une sorte d'occupation anticipée du pays ennemi;..... que c'est violer le droit des gens que de repousser d'un pays des étrangers qui en respectent les lois; et de même de prohiber les mariages avec des étrangers;.... qu'on doit observer les traités parce qu'on en a pris l'engagement..... »

Grotius, sur quelques points, paye un rude tribut, malgré l'indépendance de son esprit, à l'incertitude de son siècle agité, et se montre moins avancé que quelques-uns de ses prédécesseurs, et entre autres les casuites espagnols que nous avons cités. C'est lorsqu'il dit, par exemple, en se contredisant, du reste, « qu'un ambassadeur peut être arrêté et soumis à un interrogatoire;..... que toutes les puissances chrétiennes doivent se liguer contre les infidèles;... que les nations n'ont pas le droit de faire la guerre pour recouvrer leur indépendance;... qu'on n'est pas obligé de secourir un allié s'il n'y a pas apparence de succès..... »

Grotius émet aussi quelques opinions singulières; il prétend, par exemple, qu'un citoyen n'est pas obligé d'obéir à son souverain en guerre, *s'il croit cette guerre injuste;* et doute qu'un chrétien puisse être obligé à porter les armes, *parce que s'en abstenir est un état de sainteté.....*

Grotius pense que la déclaration de guerre est nécessaire pour en légitimer l'action. Mais il croit qu'on peut traiter en ennemis tous ceux qui occupent le pays ennemi, moins les étrangers. Et, par un préjugé incroyable, il ajoute qu'on peut tuer tout individu appartenant au pays ennemi, *partout où on le rencontre,...* il se contredit sur le point de savoir si l'on doit épargner les femmes et les enfants; et toute la faveur qu'il accorde aux prisonniers de guerre, c'est qu'on ne doit pas les faire périr autrement que par les armes... La violation des femmes et des filles n'est pas permise; mais l'ennemi a le droit de piller et de détruire la propriété privée ainsi que les vases des églises, et même de réduire les vaincus en esclavage!...

Ces contradictions d'un si éminent esprit que Grotius sont affligeantes; et l'on a besoin, pour s'en rendre compte, de se reporter à une époque où les troubles civils et internationaux étaient vraiment de nature à se communiquer aux plus fortes têtes. Grotius a très-bien posé le principe en disant : *La force n'est pas le droit*. Pourquoi donc faire sortir de la conquête le droit de commettre tant de crimes? Est-ce que la conquête d'un pays engendre un droit quelconque contre les droits de l'humanité?

Puffendorf fut le disciple de Grotius. Il n'admet de légitime que les guerres défensives. Il n'hésite pas à contredire son illustre maître dans la proposition qu'il a émise, qu'on n'est pas obligé de défendre un allié si l'on n'est pas assuré du succès. Mais il est d'avis, ce qui est assurément raisonnable, que l'alliance n'est jamais tellement absolue quelle entraîne nécessairement l'allié dans toutes sortes de guerres.

Est-il permis de faire assassiner un ennemi, ou de mettre sa tête à prix?... Oui, répond Puffendorf, s'il s'agit d'un chef de corsaires ou de brigands, ou d'un chef de rebelles, parce que de tels chefs n'ont pas de caractère légitime... Il croit la corruption par l'or un moyen légitime...

Wolf, qui vient après, pose comme maxime fondamentale que les différentes nations sont entre elles dans l'état d'indépendance et d'égalité naturelle. Elles ne sont obligées que par le *droit naturel*. Ce droit est immuable et nécessaire. On peut ajouter à ce droit par des conventions, et il en résulte un *droit positif*, qui est obligatoire pour les parties contractantes. Wolf, appelle guerres de bêtes féroces celles qui sont engagées sans des raisons suffisantes. Il dit que l'esclavage ne peut résulter de la guerre; et il est sur ce point en progrès sur Grotius. Il condamne le viol comme ne concourant point à la guerre. Les espions peuvent être punis, parce qu'ils violent la foi publique. Celui qui se sert d'assassins autorise des représailles, et viole la pratique des nations civilisées; si on le fait prisonnier, on n'est point obligé de respecter sa vie.

L'école de Grotius n'a pas produit d'esprit plus exact, et nous ajouterons plus honnête et plus progressif que ne le fut Vattel. Vattel, dans son livre III, traite spécialement du droit de la guerre. Il veut, pour être légitime, que la guerre soit constamment motivée sur une raison claire et décisive, telle que la violation d'un droit reconnu.

On n'a pas le droit d'attaquer une puissance par cela seul qu'elle acquiert de la prépondérance, arme ou se fortifie. Tant qu'il n'y a pas lésion de sa part, on ne peut que la surveiller et se confédérer pour l'arrêter, au besoin, dans ses entreprises injustes. Il veut qu'il y ait toujours une déclaration de guerre, et qu'elle soit connue à temps. Ce principe est fondé sur ce qu'on doit mettre un État en possession de donner la satisfaction à laquelle on a droit....

Il est permis et louable, selon Vattel, d'assister de toute manière une nation qui fait une guerre juste....

Les principes de la neutralité dérivent de l'indépendance absolue de chaque nation....

Dans la guerre la plus juste, on ne doit faire que le moins de mal possible....

On ne doit mettre un ennemi à mort que dans

un cas de nécessité, et jamais pour sa résistance....

Les femmes, les enfants et les vieillards ne peuvent pas être considérés comme ennemis....

Les propriétés privées doivent être respectées.

Vattel croit que, dans certains cas, on peut réduire en esclavage les prisonniers, si on ne leur a pas promis la liberté, et retombe en arrière d'un siècle, par cette erreur, vers Grotius.

L'auteur du *Droit des gens* avait profondément réfléchi sur toutes les questions que comporte un sujet aussi important. Une idée lui avait apparu, mais comme une lueur douteuse, aussitôt redescendue derrière l'horizon. Vattel avait entrevu, non pas la possibilité, mais la beauté d'un état de choses comme ce que plus tard Kant et autres philosophes ont appelé la *paix universelle*. Il voit dans la loi chrétienne le principe d'une paix permanente conforme à l'utilité publique. Mais, à l'aspect d'un tel idéal, comparé à son siècle, il est saisi de découragement. Après avoir dit que les nations doivent s'aimer entre elles, il s'écrie : « Quel bonheur si cet aimable précepte de la nature était partout observé ! Les nations se communiqueraient leurs biens et leurs lumières ; une paix profonde régnerait sur la terre et l'cnrichirait de ses biens précieux. La science, l'industrie et les arts s'occuperaient de notre bonheur autant que de nos besoins. Plus de moyens violents pour décider des différends qui pourraient naître ; ils seraient terminés par la modération, la justice, l'équité. Le monde serait comme une grande république, et les hommes vivraient partout en frères. » Et il ajoute : « Pourquoi cette idée n'est-elle qu'un songe ; elle découle cependant de la nature et de l'essence de l'homme ? *C'est que d'aveugles intérêts particuliers ne permettent pas qu'elle se réalise...* » Voilà cependant où s'étaient déjà élevée la pensée de Vattel ; et nous observons que cette pensée a dû travailler plus profondément son esprit que, peut-être, il ne l'annonce. Car, en face de ces *intérêts particuliers*, il a posé, comme base du droit des gens, le *droit commun*, et dit, comme l'avait dit déjà Wolf, que le droit pourrait passer à l'état positif, par le consentement des diverses nations.

Le seizième et le dix-septième siècles furent

témoins d'une marche active de l'esprit humain à la découverte des notions morales propres à constituer le droit international. Tous les grands génies de cette époque ont plus ou moins contribué à cette précieuse recherche, alors même qu'elle n'était pas pour eux un but spécial. C'est ainsi que se ralliaient à cette grande œuvre Leibnitz, qui rattachait le droit à la pensée religieuse et le rendait plus obligatoire; et Richard Cumberland, dans sa réfutation de Hobbes, niant la justice et le droit; réfutation qui pouvait s'appliquer aussi, par anticipation, à Spinosa, à Hégel, à Boulainvillier, à de Bonald, et autres philosophes matérialistes soutenant le principe de la force et la nécessité fatale de la guerre.

Pendant que de si éminents philosophes s'efforçaient de puiser aux inspirations les plus élevées et de les répandre en théories, les princes ne dédaignaient pas toujours d'en faire l'application aux différends survenus entre eux. Tout le monde a entendu dire que l'illustre Gustave-Adolphe mettait sous son chevet le livre de Grotius, et s'en faisait pour ainsi dire le disciple. Mais nous ne devons pas omettre de mentionner l'action pratique qu'eurent sur le progrès de ces temps-là les républiques indépendantes de la confédération anséatique qui s'étendaient sur toutes les côtes et les rivières de la mer du Nord. Ce sont elles qui donnèrent consistance et réalité au *droit des gens maritime*, qui tendait à supprimer les désordres et les irrégularités qui avaient existé auparavant. Elles jouèrent surtout un grand rôle dans deux importantes questions : celle du droit des neutres et celle du droit de naufrage, en ce qu'elles firent vivre celui-là et supprimer celui-ci.

Durant le moyen âge, l'effet d'une déclaration de guerre avait été de frapper de confiscation tout ce que possédaient les sujets de la puissance ennemie. La ville de Marseille avait donné le premier exemple de l'abolition d'un tel droit, et la grande charte anglaise avait prescrit que les marchands étrangers seraient traités comme on aurait traité les nationaux en pays ennemi. Mais une grande confusion et une grande iniquité régnaient encore sur cette matière. La confédération des villes du Nord stipula avec plusieurs puissances qu'en cas de guerre, on devait accorder un certain temps à leurs concitoyens résidant et trafiquant chez elles, pour se retirer et emporter leurs effets. De cette manière, il s'introduisit une sorte de droit pratique.

Cependant l'amour du gain portait quelquefois les neutres et même les amis à se charger de marchandises que les sujets des puissances belligérantes craignaient d'exposer à la prise. Ces infractions firent admettre généralement que le navire ennemi ne donnerait pas lieu à la prise des marchandises amies ou neutres qui s'y trouvaient, et réciproquement; tandis que la marchandise ennemie, au contraire, était de bonne prise, quoiqu'elle fût trouvée sur un navire ami. De là prit naissance le *droit de visite*, qui a été en usage depuis le treizième siècle jusqu'à nos jours, et qui était toutefois un progrès sur l'aveugle confiscation, bien que peu conforme à l'indépendance du pavillon, telle que nous la concevons maintenant.

Les républiques anséatiques mirent encore fin à un cruel abus par l'ascendant de leur indépendance commerciale et des lumières qui trouvaient constamment un refuge assuré dans leur sein.

Nous voulons parler du cruel préjugé qui portait à croire que nulle protection n'était due aux étrangers, à moins d'un pacte spécial. D'après ce préjugé qui avait régné durant tout le moyen âge, les étrangers étaient exclus de tout droit de succession aux biens situés dans le territoire d'un autre État. Ils ne pouvaient pas léguer leurs biens situés dans un autre pays, et ces biens étaient confisqués au profit du souverain en vertu du *droit d'aubaine*.

Il en était de même des navires naufragés. On confisquait les marchandises de ceux que la tempête portait sur les côtes, et quelquefois même on réduisait les personnes en captivité. C'était ce qu'on appelait le *droit de naufrage !* La législation des empereurs romains sur cette matière, également conforme à la justice et à l'humanité, était partout tombée en désuétude. On voit, par une multiplicité de lois faites au douzième siècle pour abroger cet usage barbare, combien il était général ; et le grand nombre de priviléges accordés relativement à cet objet prouvent encore que ces lois étaient mal observées, et que dans toutes les contrées riveraines de la mer on se jetait impitoyablement sur les navires naufragés pour les dépouiller. On a peine à croire la peine qu'eurent divers souverains pour refréner cette voracité barbare. La république de Venise, saint Louis, Charles d'Anjou, Edouard le Confesseur, Grégoire IX, virent échouer leurs efforts à cette œuvre d'humanité.

La ligue anséatique fut la première parmi les nations du Nord qui eût l'idée de transformer l'ancien droit de confiscation en la simple perception d'une taxe de sauvetage sur les effets naufragés. Cet exemple, suivi bientôt par plusieurs États des côtes allemandes, ne rencontra de résistance que dans la Prusse. Là on s'était mis en tête que le droit de spolier était fondé *sur la législation rhodienne*, et, dans quelques pays, on dépouillait, par analogie au droit de naufrage, les objets qu'un accident atteignait sur les routes de terre, par exemple une voiture qui aurait versé.

La puissante confédération des villes anséatiques fit disparaître tant de monstrueux abus en obtenant des conditions pour ses propres citoyens, et en sachant les faire respecter. Elle traitait d'égale à égale avec les têtes couronnées et obtenait en Russie, en Angleterre, dans les Pays-Bas, pour ses comptoirs et ses commerçants, des priviléges aux moyens desquels ils étaient presque indépendants de la juridiction du pays étranger.

La confédération anséatique, établie dans un but commercial et pacifique, par opposition au système féodal au milieu duquel elle s'élevait, fut un puissant appui pour la civilisation. Elle contribua notamment à l'abolition de la piraterie, à celle du droit de naufrage et du droit d'aubaine et autres violences tolérées, exercées même par les princes féodaux de cette époque. Des réformes internationales de la plus haute importance, que ni la puissance religieuse des papes, ni la puissance temporelle des empereurs n'avaient pu obtenir, furent accordées à cette puissance, qui avait trouvé dans le système d'une pacifique association des ressources qui lui permettaient de porter et de faire respecter partout son pavillon sur les mers.

Là même où ils ne furent pas supprimés, le droit de naufrage, le droit d'aubaine, et une foule de droits de douane, d'étapes et autres péages inventés par l'esprit fiscal des princes et des seigneurs, remplissaient de difficultés un commerce méprisé par la noblesse et abandonné aux villes qui lui servaient d'asile. Les *lettres de guidage* et de *sauf-conduit* accordées aux citoyens des cités libres de la ligue anséatique firent la planche à de semblables immunités pour les États du Nord. Quant à ceux du Midi, ils avaient reçu une impulsion vers la liberté par le développement commercial qui eut lieu à l'époque des croisades. Dès le treizième siècle, on y vit prospérer la navigation de l'Italie, de l'Espagne, du Portugal, et en particulier celle de la France, qui était déjà à cette époque, dans les mers de l'Orient, l'aînée et la protectrice des autres nations chrétiennes[1]. Le nombre des priviléges concédés par les diverses puissances aux commerçants étrangers s'accrut rapidement. Bientôt la nécessité se fit sentir aux gouvernements de faire entre eux, et pour la garantie de leurs nationaux, des traités de commerce, et la liberté d'entrer et de séjourner, admise par quelques États, s'intro-

[1] Voyez les *Notes*, dans mon livre intitulé la *Turquie et les Cabinets de l'Europe*.

duisit insensiblement dans les autres. Elle était déjà généralement établie en Europe, la Russie exceptée, lorsque, vers la fin du quinzième siècle, la découverte de l'Amérique et d'un nouveau chemin des Indes ouvrit un champ plus vaste au commerce et à la navigation, et apprit aux peuples l'importance de ces branches de l'industrie. L'acquisition, pour plusieurs d'entre eux, de possessions lointaines en Asie et en Afrique, donna lieu à l'introduction d'un double droit des gens en fait de commerce et de navigation, savoir : pour les États situés en Europe, et pour les possessions des Européens situées dans d'autres parties du globe. C'est ainsi que peu à peu, mais sans rétrogradation, les États ont tendu à se rapprocher et à diminuer la rudesse qui existait entre eux et qui les tenait disposés à se repousser et à se faire la guerre sous le plus léger prétexte, et souvent même sans aucun motif.

Il est résulté de ce progrès que le commerce des États de l'Europe est considéré comme libre depuis près de deux siècles, en temps de paix du moins, de sorte qu'en exceptant les cas de représailles, aucune nation n'est exclue de faire commerce avec les autres, et qu'il n'est pas besoin de traité de commerce en général pour en procurer la jouissance.

Mais cette liberté, restée à l'état de consentement tacite et vague, comme le droit des gens tout entier, n'a pas été, jusqu'à nos jours, à l'abri de restrictions de toutes sortes de la part de tout État qui les a trouvées favorables à ses intérêts propres. Il a été loisible d'excepter telle place ou province du commerce étranger, ou de le borner à telle autre ; de fixer le mode d'importation et d'exportation, ou de les défendre pour certaines marchandises ; d'établir des douanes ; d'accorder à telle nation des avantages sur les autres.

Une telle liberté ne suffit pas pour assurer aux sujets étrangers le traitement honorable qu'en général ils ont lieu d'attendre d'un État qui les a engagés à s'établir chez lui. Elle ne suffit pas davantage pour les mettre à couvert d'un traitement rigoureux en cas de rupture, ou pour garantir le commerce des neutres. Toutes les améliorations de ce genre qui ont eu lieu dans ces derniers temps à l'occasion de la guerre d'Orient sont venues de l'initiative de la France et de l'Angleterre, comme le témoignage des idées libérales qui règnent dans les deux pays, mais uniquement à titre de concession.

Quel droit positif, en effet, empêche encore aujourd'hui les divers États de se faire justice à eux-mêmes sur mer comme sur terre? Qui les empêche, par exemple, de faire vivre le droit du littoral (*jus littoris*) à la portée du canon; le droit de navigation aux passages qui sont sur leur domaine, d'établir des taxes dans leurs ports, sauf peut-être les exceptions qui résultent des traités aujourd'hui reconnus en Europe? Si l'Angleterre abandonne ses prétentions sur les *quatre mers*, c'est bien de son propre gré et par sa propre raison. Il en est de même du louable abandon qu'a fait dernièrement le Danemark de la prétention, qu'il mettait en pratique, d'exclure à quatre lieues de distance de l'Islande, et de quinze lieues du Groënland, les pêcheurs à la morue.

C'est ainsi que la liberté est lente à produire ses effets, et la civilisation à étendre son empire.

Mais le travail des esprits et du temps n'est point perdu. L'humanité, depuis quelle a secoué les langes du moyen âge, marche à grand pas dans une voie nouvelle où sa destinée semble s'agrandir avec ses forces. Nous sommes à la veille, espérons-le, de voir déclarer la liberté de la mer Noire et celle de la mer Caspienne; et une telle déclaration, inscrite dans un traité des grandes puissances européennes, complétera les dispositions du congrès de Vienne (1815) et ne permettra guère qu'il reste un seul point maritime du globe encore asservi et capable de devenir un sujet de contestation armée. Il ne manquera plus aux nations qu'une chose qui ne devrait pas faire le désespoir du siècle, le moyen de garantir et de faire observer les traités.

CHAPITRE X

SITUATION ACTUELLE DU DROIT DE GUERRE EN EUROPE.

Il n'est pas plus facile de nos jours de préciser la situation du droit des gens et en particulier du droit de guerre, qu'il ne l'était dans les temps passés. Les hommes d'État de l'Europe, que nous voyons former un monde supérieur et qui sont des esprits d'élite, n'ont jamais entrepris de rédiger un code des nations. Dans l'intérieur des États, cependant, et partout où il s'est formé des sociétés, aussitôt que l'on a su écrire, on a rédigé des règlements et des lois propres à régler les rapports des individus entre eux et à constituer une juridiction civile. Les diplomates et les gouvernants n'ont point encore jugé à propos de suivre ces errements du sens commun. Tout le droit des gens est purement historique, résultant de traités bien ou mal observés, ou de notions puisées dans les divers juristes qui ont traité, non sans contradictions, la matière. Il n'est donc pas facile de saisir avec précision les définitions de ce droit; et nous ne saurions en exposer, même sommairement, les dispositions, que comme des points adoptés de loin en loin par les diplomates, passés dans l'opinion générale et acquis aux mœurs. Chacun de son côté les adopte comme loi morale conforme à la conscience, mais chacun aussi peut à son gré les violer; car les nations restent vis-à-vis l'une de l'autre à l'état naturel et individuel; sans autorité aucune qui les domine en commun, niant ainsi, de fait, le principe d'autorité et les lois qui régissent leur intérieur.

La violation d'un simple devoir de morale ou de politesse, ou même d'intérêt minime, n'est pas de nos jours, comme autrefois, capable de donner lieu à la guerre. Mais tout acte portant atteinte au territoire ou à l'indépendance d'une nation, ou la libre jouissance des droits à elle assurés par les traités, peuvent être considérés comme une raison justificative de la guerre. Il est admis qu'elle ne peut la déclarer qu'après avoir vainement tenté des voies plus douces pour obtenir justice. « C'est, dit Martens, dans une situation si critique, particulièrement, que se fait sentir l'absence d'une juridiction internationale à laquelle on puisse recourir. Chaque nation est ou se croit autorisée à suivre ses propres lumières et à s'ériger juge de sa propre cause, selon sa persuasion propre, et à repouser la force par la force, et, pour peu que la question soit susceptible de doute, ou que l'amour-propre s'en mêle, la guerre se considère comme légitime des deux côtés. C'est ainsi que disparaît souvent, dans une confusion déplorable, la distinction à faire de ces guerres en *offensive* et *défensive;* distinction nécessaire cependant à l'établissement du droit. »

On dit communément que l'offensive a été du côté de celui qui le premier a fait usage des armes ou mis le pied sur le territoire étranger, ou s'est permis des violences sur mer. Cependant n'est-il pas juste de penser que, parfois, l'action a été nécessaire pour se maintenir dans des droits violés? et, n'est-il pas des offenses qui sont une rupture et équivalent à une agression? Toutefois, l'opinion attache aujourd'hui une grande importance à savoir de quel côté est venue l'agression; et ce besoin de l'esprit public atteste un progrès de moralité.

Nous avons vu combien l'antiquité attachait d'importance à la déclaration du droit de guerre. De nos jours on n'y met plus la même solennité, et, depuis le dix-septième siècle, non-seulement on n'envoie plus de hérauts d'armes, mais on s'abstient de toute formalité directe. L'usage veut qu'on se contente de déclarer chez soi la guerre en publiant des manifestes et des exposés de motifs qui sont communiqués aux diverses cours étrangères. Ce genre de déclaration de guerre est encore considéré comme tellement essentiel, qu'on a cru quelquefois pouvoir réclamer, lors des négociations de paix, ce qui a été enlevé antérieurement à cette formalité par celui qui a exercé les premières hostilités.

La personne et les biens des nationaux furent

longtemps, comme nous l'avons dit, un objet de représailles. Mais il y avait là des rigueurs également cruelles de part et d'autre. On a compris que les établissements en pays étrangers avaient lieu sous la foi du droit des gens, et qu'il était souverainement injuste que le particulier se trouvât mêlé aux querelles des gouvernements. Aussi a-t-il été stipulé dans la plupart des traités modernes que les navires et les biens de l'ennemi qui se trouvent dans un État à l'époque de la rupture, que ceux-mêmes qui sont partis d'un port avant que la rupture y eût été déclarée ne seraient point assujettis à l'*embargo*, mais qu'on leur accorderait un temps raisonnable pour vendre leur cargaison et se retirer sous lettres de sauvegarde. Un tel usage est généralement suivi en Europe, là même où il n'est pas stipulé dans des traités ou dans les lois du pays. Nous avons vu avec quel soin les diverses puissances ont veillé à son observation au commencement de la guerre d'Orient.

On considère généralement que la guerre ne saurait avoir pour but d'exterminer l'ennemi, mais seulement l'obliger à une paix qui assure la satisfaction que l'on désire. Le vieux principe *jus belli infinitum* est déjà bien loin de nous aussi. On prend garde, à la guerre, d'employer des moyens capables de rendre les nations inconciliables. Les *guerres à mort* sont de plus en plus antipathiques aux mœurs de l'Europe, et les puissances, surtout depuis l'introduction des troupes réglées, ont tendu à diminuer sur quelques points les fléaux de la guerre. Elles sont convenues, soit tacitement, soit expressément, de proscrire des moyens considérés comme absolument inadmissibles, le seul cas des représailles excepté; d'autres comme illicites en principe, mais excusables seulement par les circonstances dans lesquelles la *raison de guerre* l'emporte sur quelques-unes de ses modifications. Ce sont ces règles que l'on désigne sous le nom de *lois de la guerre*, lois qui, malheureusement, ne sont guère connues que par les reproches que s'adressent et se renvoient les nations d'y avoir manqué mutuellement. Après la bataille d'Inkermann, le général en chef de l'armée française adressa une plainte au général en chef de l'armée russe au sujet de soldats français et anglais massacrés étant blessés et désarmés. Le général invoquait les *lois de la guerre*. Le général russe fit réponse en envoyant lui-même une réclamation analogue dans laquelle il n'oubliait pas assurément non plus ces lois de la guerre, que personne n'a jamais vues écrites nulle part, mais dont on est bien heureux de trouver du moins des vestiges dans la conscience des individus.

Tandis que, dans les temps barbares, nous avons vu les nations se jeter aveuglément sur les nations, les individus confondre leurs querelles avec celles de l'État et s'abandonner sans frein au meurtre et au pillage, les puissances modernes de l'Europe ont reconnu dès longtemps ce principe que, même après la déclaration de guerre, il n'est pas indistinctement permis aux individus de prendre part aux hostilités, mais seulement aux troupes régulières ou à des corps francs levés en vertu de la loi, et sur mer par des navires autorisés de la marque de leur nation. Tout individu se permettant, de sa propre autorité, d'exercer des hostilités, est exposé, s'il est surpris, à être traité en ennemi illégitime et puni comme brigand.

La guerre ne semble guère, d'après nos mœurs, devoir nous faire considérer comme ennemis tous les sujets d'un état ennemi. Mais le droit de tuer sans crime un ennemi ne repose que sur celui de vaincre la résistance qu'il oppose ou de repousser son attaque. Aussi le droit naturel se trouve-t-il satisfait, dans l'état des mœurs, du sentiment général qui défend de tuer ou de blesser ceux qui, de leur personne, ne prennent point une part active aux hostilités, ou ceux mêmes qui font partie de l'armée à d'autres titres que les violences de la guerre, tels que les aumôniers, les médecins, les vivandières, auxquels l'usage ajoute encore les quartiers-maîtres, les tambours et trompettes. Il est défendu de même de frapper les officiers ou soldats réduits par des blessures à ne pouvoir plus prendre part aux hostilités, ou tellement réduits en nombre et en force qu'ils ne puissent plus résister et qu'ils mettent bas les armes. Le devoir alors est d'épargner leur vie. Agir autrement, c'est violer à la fois la loi de la nature et les mœurs des nations civilisées. On fait des prisonniers aujourd'hui; mais l'idée ne viendrait pas de les réduire en esclavage; on a pour eux, au contraire, tous les soins que prescrivent la charité et l'humanité. On les échange aussitôt que les circonstances le permettent, et l'on a vu relâcher des officiers sur leur parole de ne plus prendre part à la guerre.

Dans la barbarie, tous les moyens de nuire à l'ennemi sont bons. Il n'en est plus ainsi en Europe. L'emploi du poison, par exemple, l'assassinat, sont proscrits comme des crimes dont les suites retomberaient naturellement sur les nations elles-mêmes. Il n'est pas permis de mettre à prix la tête d'un ennemi. Les traités ont même proscrit parfois l'usage d'armes qui n'auraient eu pour effet que de multiplier sans nécessité les souffrances de la guerre.

Il est contraire aux lois de la guerre de permettre le pillage des blessés restés sur le champ de bataille, et ce respect de la personne est digne d'être observé. C'est à celui qui reste maître du champ de bataille qu'incombe la responsabilité de soigner les blessés et de donner la sépulture aux morts. Quand, sur ce point, la question est indécise, on en vient d'ordinaire à une suspension d'armes durant laquelle chacun peut retirer les siens.

Par un sentiment analogue d'humanité, il est absolument contraire aux lois de la guerre de menacer, comme on le faisait autrefois, de passer au fil de l'épée le commandant ou la garnison d'une place ou d'une forteresse.

Il est conforme à l'usage aussi de sommer, au moins une fois, la forteresse ou la place assiégée avant de commencer le bombardement. Souvent ces sommations se répètent, et la place donne un signal de capitulation. Alors on traite, et c'est uniquement en cas de prise d'assaut qu'on a vu, de nos temps, ouvrir le pillage. Mais un tel acte fut toujours hautement et universellement blâmé.

Autrefois, la disposition était facilement portée aux représailles ; si bien que les *représailles* ont dû entrer, pour y être réglées, dans le droit des gens. Dès le quatorzième siècle, l'expérience en avait déjà fait sentir l'inconvénient. Elles avaient le plus souvent pour cause le dommage causé à des particuliers ; et alors les États avaient trouvé le moyen de rester en paix entre eux, et pour cela ils délivraient des lettres de marques, ce qui était du moins régulariser l'action des représailles. Les gouvernements, de nos jours, ne concèdent plus de ces autorisations qui ressemblent au brigandage; les gouvernements français et anglais les ont refusées dans ces derniers temps. Les gouvernements font mieux encore que de tolérer ou autoriser les représailles, ils les prennent à leur charge, et il est bien rare qu'elles ne se traitent pas, dans les chancelleries, à la satisfaction des réclamants.

Ce qui prouve l'ascendant incessant d'un principe naturel d'humanité charitable et sa persistance à intervenir dans la guerre, pour lui substituer un moyen pacifique, c'est la part qui est partout faite avec facilité et spontanéité à ce principe au milieu des horreurs qu'elle présente, et l'hommage qu'on lui rend comme à une nécessité commune. Au milieu même des combats, on a voulu qu'il existât des moyens de les faire cesser à l'instant. C'est ainsi que l'on a introduit l'usage de certains signaux reconnus pour équivaloir à la déclaration expresse que l'on désire parlementer, et que l'on offre et demande la cessation des hostilités. Ainsi une forteresse assiégée, en arborant un drapeau blanc, déclare qu'elle consent à capituler; et l'ennemi, en répondant du tambour à ce signal, accorde une cessation d'hostilités momentanée. Dans un combat naval, un vaisseau qui retire son pavillon et arbore un pavillon blanc déclare, par ce signal, qu'il est à bout de résistance.

On reconnaît de même l'inviolabilité des trompettes, aujourd'hui substitués aux anciens hérauts d'armes et s'annonçant comme messagers. On reconnaît de même, sur mer, un droit sacré aux vaisseaux parlementaires ou vaisseaux de cartel, sous le pavillon qui les distingue.

Et c'est chose admirable à observer que cette puissance du droit au milieu des luttes militaires. Les conventions de cette nature qui s'y contractent sont plus sacrées encore que celles qui ont lieu au sein de la paix. Il est universellement reconnu qu'on leur doit plus de respect, car elles ont été faites dans des circonstances où l'honneur était profondément engagé et ont reçu le baptême du sang versé dans les plus éminents périls.

Dans un temps, il suffisait que deux nations

fussent en guerre pour porter le bouleversement dans les rapports des autres États. On a fini par faire raison d'une perturbation semblable, en reconnaissant aux autres nations le droit de continuer leurs relations avec chacune des puissances belligérantes, et c'est là ce qu'on a appelé le *droit des neutres*. Tant qu'un État neutre remplit strictement les lois de la neutralité, il est en droit d'exiger que les puissances qui se font la guerre le traitent comme tel. Mais la neutralité, pour être *parfaite*, exige qu'on s'abstienne de toute participation aux opérations militaires; de ne point refuser à l'une ce qu'on accorde à l'autre, et de se conduire en tout, vis-à-vis de chacun, comme on le ferait en temps de paix. Tant qu'une puissance satisfait à ces devoirs, elle est en droit d'être traitée comme amie par chacune des parties engagées dans la guerre, et de jouir de cette indépendance que la loi naturelle lui confère, et qu'elle n'est point obligée de sacrifier à la querelle de deux nations en guerre.

Nous avons parlé déjà de cette importante question du droit des neutres, et nous avons vu que le bienfait en est dû, en premier lieu, à la Confédération anséatique. En 1780, il reçut une puissante consécration par l'initiative de Catherine de Russie, à l'occasion de la guerre qui avait lieu entre l'Angleterre et les États-Unis. Catherine s'associa avec la Prusse et d'autres États pour obtenir et faire signer ce droit ; et si un *Code maritime universel* ne fut pas rédigé alors, comme il en fut question, il n'en est pas moins résulté une puissante idée du droit d'association des puissances contre toute perturbation émanant de querelles individuelles, au préjudice de l'ordre général. Aujourd'hui le droit des neutres paraît au-dessus de toute contestation, même après l'atteinte momentanée qu'il a subie dans une guerre dont il ne faut plus évoquer le souvenir.

Durant les quarante années de paix dont a joui l'Europe, nous avons vu les rapports commerciaux et autres des puissances se régler par des traités et des transactions. C'est là le caractère principal de notre époque. Il est reçu que les négociations peuvent avoir lieu soit entre les puissances seules entre lesquelles est le différend, soit avec le concours d'une tierce puissance. La part que celle-ci peut prendre à terminer le litige diffère essentiellement en ce que : 1° elle interpose simplement ses *bons offices*, pour amener un accommodement ; 2° qu'elle est choisie par les deux partis pour leur servir de *médiateur*, sauf le droit de chacun d'accepter ou de rejeter les propositions qui lui seront faites ; 3° enfin, qu'elle est choisie en qualité de *juge compromissaire* ou arbitre, pour prononcer une sentence puisée dans les principes du droit, et obligatoire pour les deux parties. Cette dernière voie, qui fut usitée dans tous les temps, a été heureusement conservée. Les auteurs citent une foule d'exemples de ces sortes d'arbitrages, et il en est un certain nombre qui terminèrent fort heureusement plusieurs différends que le congrès de Vienne n'avait pu embrasser dans ses décisions : ainsi les médiations qui eurent lieu en 1816, pour les rentes sur l'octroi du Rhin ; pour la succession dans le duché de Bouillon ; pour le différend entre les cantons d'Uri et du Tessin, au sujet des douanes, et pour une partie des dettes de la Hollande envers la France. Il n'y a pas longues années que l'Angleterre fut appelée à prononcer, comme arbitre, entre la France et les États-Unis.

Enfin, depuis le congrès de Westphalie, l'usage est devenu plus fréquent des réunions de ce genre pour traiter les affaires pendantes entre les États ; et c'est dans les assises que les diplomates en viennent quelquefois à traiter les affaires et à prendre des décisions toujours plus sages que celles de la guerre, et qui ont généralement marqué les phases et le progrès du droit des gens.

DEUXIÈME PARTIE

CHAPITRE XI

NÉCESSITÉ D'UN DROIT PUBLIC EUROPÉEN ET D'UNE JURIDICTION INTERNATIONALE.

Nous avons suivi, dans notre première partie, les phases du droit de la guerre, et constaté qu'il avait subi, relativement à l'antiquité et au moyen âge, des modifications qui en ont pour ainsi dire changé la nature, et qui tendent évidemment à le supprimer en principe. De nos jours les diverses nations de l'Europe, obéissant au sentiment moral, sont unanimes pour en atténuer les rigueurs, et ne considèrent plus la guerre que comme un malheur commun. Elles se montrent toutes disposées à cesser de la faire, moyennant la satisfaction de quelque intérêt plus ou moins positif et national. Bien plus, tout récemment une grande parole, qui semble renfermer le salut dans l'avenir, a été prononcée. — On a dit : « l'intérêt commun de l'Europe! »

Mais si l'Europe a un *intérêt commun*, et cela est incontestable, pourquoi n'a-t-elle pas un *droit commun correspondant;* un *droit public européen*, et un jury arbitral qui déciderait en vertu de ce droit sur les différends qui s'élèveraient? Pourquoi l'Europe n'établirait-elle pas en même temps un système capable de rendre exécutoires les décisions de ses arbitres, système dont elle trouverait le secret dans une confédération? Faut-il nous rappeler cette parole que nous avons citée de Vattel, et qui faisait le désespoir de l'illustre publiciste : *d'aveugles intérêts individuels!*

« Il y a dans l'ordre moral, a dit Napoléon Ier, des lois aussi inflexibles que celles de l'ordre physique. » Cette vérité ne fut jamais plus manifeste que dans le sujet qui nous occupe. Nous y voyons en effet que c'est vainement que la force matérielle accroît ses moyens pour gouverner ou plutôt pour opprimer le monde; la morale, loi suprême, tient le dessus, et l'oblige à démentir ses coupables violences, en attendant quelle lui ait enseigné à concourir uniquement au bien-être et au salut de l'humanité. Mais, si les États avouent une loi morale et la reconnaissent, ils sont lents à se décider à la mettre en pratique. Depuis deux siècles, et à mesure que les lumières ont jeté leur vive clarté sur le droit naturel, les gouvernements, au lieu de chercher à enchaîner la guerre dans un lien commun et de faire profiter leurs peuples des bienfaits de la paix, ont procédé constamment par un système négatif, s'efforçant d'isoler les peuples en s'isolant eux-mêmes, et de s'opposer les uns aux autres des armées toujours croissantes; en sorte que ce n'est qu'en rassemblant les principes suivis le plus généralement dans les conventions entre les États que l'on forme, par abstraction, une théorie du droit des gens de l'Europe.

Montesquieu avait déjà observé cette tendance et prévu les résultats funestes auxquels elle aboutirait. « Une maladie nouvelle, disait-il, s'est répandue en Europe; elle a saisi nos princes et leur fait entretenir un nombre désordonné de soldats. Aussitôt qu'un État augmente ce qu'il appelle ses troupes, les autres soudain augmentent les leurs, de sorte qu'on ne gagne rien par là que la ruine commune. » Les nations donc, tout en se disant chrétiennes, sont restées dans l'isolement, reconnaissant même un droit des gens, mais purement moral, et se réservant, par conséquent, dans une farouche indépendance, la faculté d'en éluder les prescriptions.

C'est là ce qu'observait Ancillon, qui fut ministre du roi de Prusse. « Le droit des gens, dit-il, existe; mais il manque d'une garantie extérieure. Les individus ont assuré leur droit en créant cette garantie, et sont ainsi sortis de la barbarie. Les gouvernements restent dans cet état de nature, parce qu'ils n'ont pas encore créé cette garantie, et que chacun d'eux est seul juge de ce qu'il croit être son droit. » Ancillon n'hésite pas à conclure que cette lacune est un malheur qui éternise la guerre.

Le classique Martens dit de même : « Entre des peuples libres et souverains, il n'y a point de juge supérieur à eux sur la terre, devant lequel ils puissent comparaître, pour attendre de lui la décision de leurs disputes. Mais rien n'empêche d'imaginer qu'un grand nombre d'États, que même tous les États de l'Europe ne s'accordent à mieux fixer leurs droits réciproques, par des conventions générales, et même à se *fédéraliser* pour les mieux garantir. Alors il y aurait un code du droit des gens positif, fixe et obligatoire pour tous. Les États de l'Europe, en continuant à vivre comme ils font dans l'état naturel, éprouvent tous les inconvénients résultant de l'incertitude et de la crainte réciproques, qui pour eux sont mille fois plus redoutables qu'entre les individus. Ils sont assez généralement convenus de quelques points de droits; ne pourraient-ils pas, soit tous, soit la plupart d'entre eux, se fédéraliser pour se garantir la pacifique jouissance de leur droit? Ne pourraient-ils pas, en reconnaissant un pouvoir suprême, législatif et judiciaire, passer à l'état civil, et sous une constitution générale (république universelle) jouir des bienfaits d'une paix perpétuelle? »

Cette idée d'une confédération européenne propre à constituer un lien d'unité entre les

États a plus ou moins affecté toutes les hautes intelligences. Henri IV, au rapport de Sully, la caressait vaguement, comme Leibniz et Fénelon. Mais Napoléon est le premier qui en ait clairement indiqué la nécessité, lorsque du rocher de Sainte-Hélène il entrevoyait cette nouvelle invasion des barbares dont la tentative vient d'avoir lieu. Le grand homme disait, sous forme d'un énergique dilemme, que l'Europe serait un jour *Cosaque ou en république*. Il entendait par là, non point cette confusion qui se peint dans les esprits ordinaires au mot de république, mais au contraire un ordre formel apporté dans l'irrégularité où vivent encore les divers États.

Longtemps même avant l'époque où l'on place cette prédiction, Napoléon Ier avait déjà vaguement conçu un projet de cette nature, auquel il eût voulu faire aboutir les terribles guerres dans lesquelles il fut entraîné. On en peut juger par les remarquables paroles suivantes dont il faisait précéder l'*Acte additionnel* :

« J'avais, dit-il, pour but d'organiser un grand système *fédératif européen* que j'avais adopté comme étant conforme à l'esprit du siècle et favorable au progrès de la civilisation. J'avais ajourné, dans cette vue, l'établissement de plusieurs institutions intérieures, plus spécialement destinées à protéger la liberté des citoyens.... »

A l'île de Sainte-Hélène, où le philosophe et l'homme d'État avaient plus complétement encore remplacé le capitaine, voici comment s'exprimait le noble captif, comme s'il eût posé devant le tribunal suprême de l'humanité : « L'Europe attend, sollicite la fondation d'une *nouvelle société*; le vieux monde est à bout et le nouveau monde n'est point encore assis.... Après la paix d'Amiens, je croyais de bonne foi le sort de la France, celui de l'Europe, le mien, fixés, la guerre finie. J'allais me donner uniquement à l'administration de la France, et je crois que j'eusse enfanté des prodiges! Je n'eusse rien perdu du côté de la gloire, mais beaucoup gagné du côté des jouissances. J'eusse fait la *conquête morale* de l'Europe, comme j'ai été sur le point de la faire par les armes. De quel lustre on m'a privé!....

« J'avais le projet, à la paix générale, d'amener chaque puissance à une immense *réduction des armées permanentes*.... J'eusse voulu un *Institut européen*, des prix européens, pour amener, diriger, coordonner toutes les sociétés savantes de l'Europe. Alors, peut-être, à la faveur des lumières universellement répandues, devenait-il possible de rêver, pour la *grande famille européenne*, l'application du *congrès américain* ou celle des *amphictyons de la Grèce*. Et quelle perspective, alors, de grandeur, de jouissance, de prospérité! quel grand et magnifique spectacle!.... »

Telles étaient les réflexions de l'Empereur sur ce triste et lointain rocher de Sainte-Hélène, d'où il contemplait avec une mortelle angoisse tant d'efforts perdus, tant de braves généraux et soldats sacrifiés dans ces guerres destructives. Et c'était pour en conjurer le retour et les horreurs qu'il envoyait à l'Europe, comme une réparation à la fois et comme un legs digne de son cœur et de son génie, cette idée d'une sainte-alliance des nations. « Je veux, avait-il dit déjà dans des temps plus heureux (au rapport de M. de Bonald), je veux que le règne des idées philanthropiques soit le caractère du siècle. C'est à moi que de tels sentiments ne peuvent être imputés à faiblesse. C'est au peuple français, le plus doux, le plus éclairé, le plus humain, à rappeler aux nations civilisées de l'Europe qu'elles ne sont qu'une *seule famille.* » Enfin Napoléon estimait que toute guerre en Europe était « une *guerre civile.* »

Il y avait là, assurément, de larges vues et une grande politique. Elles furent obscurcies et arrêtées dans l'application par ces guerres fatales dans lesquelles l'Europe entière et Napoléon lui-même s'étaient jetés les yeux fermés. *Institut européen; congrès américain; amphictyons; famille européenne!* n'est-ce pas là l'idée de l'association des États à laquelle nous faisons ici appel? N'est-ce pas cette haute synthèse sociale qui se reflétait sur l'imagination quelquefois prophétique de Joseph de Maistre, lorsqu'il s'écriait, à la vue de la Révolution française : « Ce n'est pas en vain que Dieu agite le monde; tout annonce une grande unité qui approche à grands pas, et que nous devons saluer de loin? »

Napoléon III, alors qu'il n'était encore qu'un éminent publiciste, et dans les solitudes de l'exil et de la captivité, s'est plu à suivre le fil de cette haute pensée qui avait dominé un instant l'Europe et le monde, et planait encore sur eux par la puissance du souvenir. Voici comment le prince publiciste a développé l'*idée* que l'illustre captif de Sainte-Hélène considérait comme devant servir de fondement à l'édifice politique de l'Europe, et donner enfin la paix et la sécurité aux peuples :

« Le génie de l'Empereur lui faisait prévoir que la rivalité qui divise les nations de l'Europe disparaîtrait devant un intérêt général bien entendu.

« Plus le monde se perfectionne, plus les barrières qui divisent les hommes s'élargissent, plus il y a de pays que les mêmes intérêts tendent à réunir.

« Dans l'enfance des sociétés, l'état de nature existait d'homme à homme ; puis un intérêt commun réunit un petit nombre d'individus qui renoncèrent à quelques-uns de leurs droits naturels afin que la société leur garantît tous les autres. Alors se forma la tribu ou la peuplade, association d'hommes où l'état de nature disparut et où la loi remplaça le droit du plus fort. Plus la civilisation a fait de progrès, plus cette transformation s'est opérée sur une vaste échelle.

« On se battait d'abord de porte à porte, de colline à colline ; puis l'esprit de conquête et l'esprit de défense ont formé des villes, des provinces, des États ; et, un grand danger ayant réuni une grande partie de ces fractions territoriales, les nations se formèrent. Alors, l'intérêt national embrassant tous les intérêts locaux et provinciaux, on ne se battit plus que de peuple à peuple, et chaque peuple à son tour s'est promené triomphant sur le territoire de son voisin lorsqu'il a eu un grand homme à sa tête et une grande cause derrière lui.

« La commune, la ville, la province, ont donc, l'une après l'autre, agrandi leur sphère sociale, et reculé les limites au delà desquelles existe l'état de nature. Mais cette transformation s'est arrêtée à la frontière de chaque pays ; et c'est encore la force, non le droit qui décide du sort des peuples.

« Remplacer entre les nations de l'Europe l'état de nature par l'état social, telle était donc la pensée de l'Empereur. Toutes ses combinaisons politiques tendaient à cet immense résultat; mais, pour y arriver, il fallait amener l'Angleterre et la Russie à seconder franchement ses vues....

« *Tant qu'on se battra en Europe*, a dit Napoléon, *ce sera une guerre civile; la Sainte-Alliance est une idée qu'on m'a volée*. C'est-à-dire la sainte-alliance des peuples par les rois, et non la sainte-alliance des rois contre les peuples! Là est l'immense différence entre son idée et la manière dont on l'a réalisée. Napoléon avait déplacé les souverains dans l'intérêt momentané des peuples; en 1815, on déplaça les peuples dans l'intérêt particulier des souverains....

« La politique de l'Empereur consistait à fonder une ASSOCIATION EUROPÉENNE solide, en faisant reposer son système sur des nations complètes et sur des intérêts généraux satisfaits.

« Si la fortune ne l'eût pas abandonné, il aurait eu dans ses mains tous les moyens de l'Europe. Il avait gardé en réserve des pays entiers dont il pouvait disposer pour atteindre son but. Hollandais, Romains, Piémontais, citoyens de

Brême et de Hambourg, vous tous qui avez été étonnés de vous trouver Français, vous rentriez dans l'atmosphère de nationalité qui convient à vos antécédents et à votre position; et la France, en cédant les droits que la victoire lui avait donnés sur vous, agissait dans son propre intérêt, car son intérêt ne pouvait se séparer de celui des peuples civilisés.

« Pour cimenter l'association européenne, suivant ses propres paroles, l'Empereur eût fait adopter un CODE EUROPÉEN, une COUR DE CASSATION européenne, redressant pour tous les erreurs, comme la Cour de cassation en France redresse les erreurs de ses tribunaux. Il eût fondé un *Institut européen* pour animer, diriger, coordonner toutes les associations savantes. L'uniformité des monnaies, des poids et mesures, l'uniformité de la législation eussent été obtenues par sa puissante intervention.

« La grande transformation eût donc été accomplie pour notre continent, et de même que dans le principe les intérêts communaux s'étaient élevés au-dessus des intérêts individuels, puis les intérêts de province au-dessus des intérêts de commune, les intérêts de la nation au-dessus des intérêts de province, de même les intérêts européens auraient dominé les intérêts nationaux, et l'humanité eût été satisfaite ; car la Providence n'a pas voulu qu'une nation ne fût heureuse qu'aux dépens des autres, et qu'il n'y eût en Europe que des vainqueurs et des vaincus, mais des membres d'une seule famille.

« L'*Europe napoléonienne*, fondée par l'Empereur, eût procédé en France aux établissements de paix ; il eût consolidé la liberté et n'avait qu'à détendre les fils du réseau qu'il avait formé.

« Ainsi on arrivait sans secousse et sans trouble à un état normal où la liberté eût été le soutien du pouvoir, la garantie du bien-être général, au lieu d'être une arme de guerre, une torche de désordre.

« C'est avec l'impression que laisse un rêve enivrant qu'on s'arrête sur le tableau de bonheur et de stabilité qu'eût présenté l'Europe, si les vastes projets de l'Empereur eussent été accomplis. Chaque pays, circonscrit dans ses limites naturelles, uni à son voisin par des rapports d'intérêt et d'amitié, aurait joui à l'intérieur des bienfaits de l'indépendance, de la paix, de la liberté. Les souverains, exempts de crainte et de soupçon, ne se seraient appliqués qu'à l'amélioration du sort de leurs peuples, et à faire pénétrer chez tous les avantages de la civilisation. »

Cette page, où se montre sous une élégante dictée la conviction la plus noble, et la plus éclairée, nous semble précieuse à reproduire au moment où une réunion de plénipotentiaires agite, à Vienne, la question de la guerre et de la paix. Nous considérons comme une bonne fortune pour l'Europe que le philosophe qui l'a écrite soit, dans les circonstances présentes, à la tête de la nation la plus propre à être l'organe de la politique fraternelle de la confédération des États ; politique qui est le complément logique et le terme de la grande révolution qui a détrôné le régime de la féodalité.

Il faut croire que l'empereur n'a point perdu de vue la haute conception que sa piété filiale lui a fait attribuer tout entière à Napoléon Ier. C'est là une de ces idées dont l'esprit est toujours fier, et qui, après avoir fait la gloire du publiciste, peuvent assurer la puissance et la destinée de l'homme d'État.

Lorsque Louis-Napoléon élevait son esprit jusqu'à la solution du problème de la pacification universelle, il avait assurément le pressentiment de son haut avenir. C'était dans ces longues méditations de l'exil dont parle Dante, école de l'infortune où les grands cœurs, s'élevant au-dessus des impressions vulgaires, se forment à l'héroïsme et à la bonté. Il allait recueillant à travers les colossales ruines de l'empire ces tardives révélations de Sainte-Hélène qui portaient à l'Europe, comme l'héritage du héros mourant, ces paroles d'une politique réparatrice et définitive : *Association européenne... Code européen... Famille européenne!...*

Cette politique sera celle de Napoléon III, comme elle a été celle de Louis-Napoléon, qui a écrit encore ces paroles : « *La* POLITIQUE NAPOLÉONIENNE *est l'alliance de la France avec tous les gouvernements qui veulent marcher franchement avec elle dans un intérêt commun.* » Elle est simple, franche, loyale, et se dégage facilement de l'abstraction pour laisser voir le dernier terme d'une succession de faits sociaux qui, à partir de l'infinie division de l'espèce humaine, ont tendu progressivement à former les nationalités et à les rapprocher par des liens de plus en plus étroits. Nous ajoutons que cette politique est parfaitement conforme à l'exposé des motifs dont la France a fait précéder sa déclaration de la guerre d'Orient.

Il faut donc faire, de l'Europe organisée pacifiquement, un centre d'où la civilisation irradie sur le reste du globe. Ce globe n'est pas tellement vaste que ses divers peuples ne puissent être régis par une loi uniforme, parler un jour une même langue, et se rapprocher par les mœurs et les usages dans leur infinie variété.

Dans trente ans, on fera le tour du monde en un mois; on correspondra par le télégraphe électrique en quelques heures de Paris à Calcutta et à San Francisco; pourquoi donc la politique des nations resterait-elle en arrière de ce rapide et merveilleux progrès des inventions humaines? Pourquoi maintiendrait-elle encore tant de divisions entre les peuples, quand la Providence lui verse à pleines mains des moyens de rapprochement toujours suivis d'une amélioration dans le sort du genre humain?

Il y a là pour la France une politique à la hauteur du siècle, et la seule qui puisse donner la raison philosophique des révolutions, qui, chez nous, ont renversé successivement deux dynasties fondées sur la féodalité nobiliaire et sur le privilége de la bourgeoisie, pour aboutir à un empire représentant l'unité nationale. Et cette politique (si je n'ai pas le droit de l'affirmer, j'ai le droit de le croire) est dans la pensée de l'Empereur actuel des Français; une politique portant partout le caractère de l'unité fondée sur le droit public.

Quand Napoléon III a dit : *L'Empire, c'est la paix*, a-t-on pu penser qu'il la voudrait sans gloire, et comme une sorte de Capoue où s'énerverait la révolution la plus vivace qui eût lieu jamais, après l'avoir substitué aux anciennes dynasties? Les révolutions de peuple ne se font pas pour si peu; ce qui les distingue des révolutions de palais, c'est un caractère providentiel ayant un objet social. Or, où voyons-nous un but social qui réponde à une haute ambition de gloire dans la paix et pour la paix, si ce n'est cette association des peuples qui fut la vision sublime du captif de Sainte-Hélène ?

Il est, dis-je, permis de penser que l'*idée napoléonienne* fait aujourd'hui le fond de la politique de la France, alors même qu'elle ne prend pas la forme d'une déclaration positive. Rien n'autorise à penser qu'il en soit autrement. Les difficultés sont plus grandes pour les hommes qui sont à la tête des affaires que pour les publicistes. Si nous observons, nous voyons déjà des faits considérables venir à l'appui d'une présomption du meilleur augure. La France, qui, naguère encore, pouvait être considérée comme étant seule en Europe, se voit aujourd'hui comme un centre d'agrégation autour duquel se rangent l'Angleterre, l'Autriche, la Turquie et la Sardaigne, *dans un intérêt commun*. Combien d'États secondaires aussi gravitent vers nous par la pensée, qui, s'ils n'étaient retenus par des considérations diverses, seraient heureux d'entrer dans notre alliance! Mais nous osons croire que si la déclaration d'une politique de confédération était clairement proposée aux États, dans les conditions qui font la base de la confédération germanique, une telle déclaration ne serait pas repoussée par la plupart des puissances (1). Nous sommes certains, toutefois, que l'opinion publique serait partout vivement émue d'une proposition semblable, et qu'elle pèserait avec beaucoup de force sur les gouvernements pour les décider à prendre refuge dans une confédération, et à leur assurer ainsi, dans la mesure possible, les bienfaits de la paix.

Jamais l'occasion ne fut plus favorable à la France qu'aujourd'hui pour faire écouter sa parole. Le haut prestige qu'a acquis l'Empereur en Europe fixerait sérieusement l'attention des diplomates et de tous les hommes d'État, s'il plaisait à son plénipotentiaire, aujourd'hui à Vienne, de proposer, après la conclusion de la

(1) « Les Etats confédérés s'engagent à ne se faire la guerre sous aucun prétexte, et à ne point poursuivre leurs différends par la force des armes, mais de les soumettre à la Diète. Celle-ci essayera, au moyen d'une commission, la voie de la médiation. Si elle ne réussit pas et qu'une sentence juridique devienne nécessaire, il y sera pourvu par un jugement austrégal bien organisé, auquel les parties litigeantes se soumettront sans appel.

Signé : METTERNICH, WISSEMBERG, HARDEMBERG, HUMBOLDT, DERNSTORFF, etc.

paix, si elle a lieu, un moyen d'assurer définitivement cette paix. M. Drouyn de l'Huys sait où prendre son exposé des motifs; espérons donc qu'un ministre qui possède à bon titre la confiance de l'Empereur jugera convenable de renouveler une proposition dont il fut déjà question au congrès de Vienne en 1815, ainsi que nous le dirons.

CHAPITRE XII

L'UNITÉ DES NATIONS PEUT ÊTRE RÉALISÉE AU MOYEN D'UNE DIETE OU CONGRÈS DE JURIDICTION.

L'unité est une loi naturelle vers laquelle gravitent nécessairement tous les êtres collectifs ; ils n'ont d'ordre, de repos, de régularité dans leurs fonctions, que quand ils sont parvenus à faire leur synthèse autour d'elle et à se subordonner à son action. Cette loi est universelle et permanente ; elle domine, au moral et au physique, tous les objets de la création. C'est elle qui a formé successivement l'homme, la famille, la tribu, la nation, et qui doit un jour, par analogie, constituer l'humanité sur le globe, et l'y faire vivre en paix et aussi heureuse que le permet sa nature, en attendant que Dieu l'appelle peut-être à des transformations se liant aux transformations de l'univers lui-même, et dont nous ne pouvons avoir aucune idée.

Dans un état de civilisation arriéré ou en désordre, l'unité est représentée par un homme fort, loi vivante, qui revêt l'autorité, ceint l'épée et fait sentir fatalement sa puissance. Si cet homme porte en lui une idée, s'il a une ambition, il les impose avec sa nation armée, fait régner aussi loin qu'il le peut sa puissance, et concourt ainsi, sans le comprendre bien souvent, au but providentiel de l'unitéisme social. Ainsi ont fait, par exemple, Alexandre, Charlemagne, Charles-Quint, les empereurs romains, et un instant Napoléon Ier; ainsi voulait faire, en dernier lieu, le czar Nicolas.

Mais, quand un grand nombre de nations voisines se sont élevées, de l'état d'enfance et d'ignorance qui les rendait purement passives, à l'état d'une civilisation intelligente, active, avancée; quand elles existent par elles-mêmes, pour ainsi dire, par des constitutions politiques, par des intérêts vivants et réels, et quand les citoyens qui en font partie ont acquis une certaine dignité personnelle, alors on conçoit que de telles nations ne peuvent plus accepter pour centre de juridiction et d'autorité un homme ou l'une d'entre elles, car elles sont placées sur le niveau de l'égalité morale. Il faut à ces nations un centre d'une nature neutre, une unité qui constitue leurs rapports, fasse leur force à toutes, sans en humilier aucune, et les grandisse, au contraire, de toute la différence qu'il y a entre l'existence individuelle et l'existence sociale. De telles nations, en un mot, sont faites pour entrer ensemble en société et s'y constituer par une loi internationale, de la même manière que les individus et les provinces se sont constitués dans chacune d'elles par le lien d'une loi civile et politique.

Il est presque inutile, en effet, que l'on fasse des traités de paix s'ils restent privés de garanties et s'il faut que les nations soient constamment sur le pied d'une mutuelle défiance. Pour assurer les traités, il faut, nous le répétons, une institution de droit public que nous avons appelée dans de précédents écrits: *Congrès de juridiction internationale* (1).

On concevra facilement que, si une institution de cette nature eût existé de nos jours et complété cet édifice mal joint que l'on appelle, abstractivement, l'équilibre européen, on se fût peu inquiété du différend russo-turc, qui fait depuis plus de deux ans la sollicitude des esprits et la gêne commerciale. Le Congrès se fût assemblé, eût fait les démarches de déférences équivalentes aux offres de bons offices et de médiation; et, au moment où la guerre aurait sérieusement menacé d'éclater, le Congrès, s'inspirant à la fois d'un pressant devoir et du droit écrit, eût posé une décision ferme. Cette décision eût été acceptée par les deux parties en litige pour deux raisons irréfutables : la première, c'est que l'arrêt émanant d'une autorité juridique ne pouvait humilier l'amour-propre de personne, et, en second lieu, qu'il engageait nécessairement les puissances confédérées à en assurer au besoin l'exécution.

(1) *Du rôle de la France dans la question d'Orient*. 1840. — *Lettre à M. Guizot sur la paix et la guerre*. 1841. — *La Turquie et les cabinets de l'Europe*. 1855.

Nous dirons plus : Si l'institution du *Congrès de juridiction internationale* eût existé, l'Europe n'eût pas éprouvé la moindre émotion des menaces de la Russie ou de toute autre puissance. On se fût dit : Le congrès jugera la chose ; et la confiance se fût maintenue dans les relations commerciales.

La confiance publique n'a et ne peut avoir qu'une base, la certitude d'être protégée par une institution juridique et la faculté d'y recourir au besoin. Hors de là il n'y a pas d'existence sociale et de civilisation. Cette vérité est tellement évidente aujourd'hui, que si les gouvernements de l'Europe différaient plus longtemps de la reconnaître, ils manqueraient aux conditions mêmes de leur existence, au milieu de sociétés que la Providence pousse rapidement à la civilisation. — Elles resteraient en arrière des plus vulgaires progrès du droit public et de la moralité des peuples.

Le *Congrès de juridiction internationale*, considéré comme institution positive, et formant le lien d'une confédération européenne, est donc d'une nécessité plus que jamais évidente. Sans cette institution, il n'y a pas, il ne peut y avoir de paix assurée et définitive entre les nations, ni de repos permanent à l'intérieur des États.

La paix n'est pas un principe, c'est un fait résultant d'un ordre de choses, et cet ordre de choses, c'est l'association conventionnelle en vue d'intérêts communs. Les nations peuvent s'élever à cette association, comme s'y sont élevés les individus de l'état civil, en sacrifiant certains droits de l'indépendance naturelle à la garantie d'intérêts plus généraux.

Il faut que l'on reconnaisse enfin que ces velléités ambitieuses de conquête et tous les différends qui surviennent soudainement de part ou d'autre tiennent à l'absence d'un lien et d'une autorité entre les États, et qu'au dehors comme à l'intérieur des sociétés rien ne tient, rien ne peut tenir fermement debout, faute d'un point d'appui commun et à large base.

Tant que les nations, en effet, ne seront pas rangées sous la loi, à la fois morale et dynamique, de la solidarité d'existence et d'intérêts, elles seront capricieusement et involontairement entraînées hors de leur centre de gravité par l'instinct naturel de l'individualisme et par leurs passions.

Les nations existent aux mêmes conditions de sociabilité que les individus ; il faut qu'elles déposent leur antagonisme et fassent leur synthèse dans une institution constituant la *société des nations*. Jusque-là, il n'y aura rien de normal et de définitif dans la constitution des empires. Les nations et les individus seront également sans abri pour s'en préserver ; il y aura, au dehors, danger permanent de guerre, et, à l'intérieur, péril de bouleversement.

C'est là la véritable politique des gouvernements : c'est aussi celle des peuples. L'association est la puissance née des révolutions modernes, elle est destinée à remplacer celle de la féodalité, qui a fait son temps et régné par l'antagonisme, la division, la guerre, la servitude et toutes les misères qui en sont la suite. Son esprit souffle aujourd'hui en tous sens sur le monde ; esprit bon en soi, esprit providentiel, que les hommes d'État ne doivent point négliger ou repousser hors de la politique régulière, car il se tournerait contre eux par d'autres voies, et détruirait au lieu de maintenir et de créer.

Association et solidarité, voilà, nous le répétons, la vraie politique internationale; — il faut que ce principe règne du haut à la base de l'édifice des sociétés.

Aux gouvernements qui lui résistent, nous disons : Vous ne tiendrez pas dans votre isolement; vous serez emportés par le mouvement providentiel et rapide qui entraîne les peuples comme les individus vers l'ère nouvelle de la solidarité.

Aux peuples qui demandent la paix, nous disons : Il n'y a pas d'autre moyen que celui-là pour avoir la paix.

Aux amis de la liberté, nous disons : Du jour où l'association aura donné des bases solides aux gouvernements des peuples et banni les chances de la guerre, la liberté viendra régner avec certitude sur le monde. — Elle se développera régulièrement, et vous aurez, non pas la liberté purement idéale qui s'écrit en vers et en prose dans les livres et dans des constitutions éphémères, mais la liberté nécessaire et solide qui, reposant sur l'ensemble des lumières et des intérêts, fait partie de l'homme et porte avec elle les garanties d'ordre qui en font la puissance et la durée, c'est-à-dire la vraie liberté.

Les sceptiques diront : « Ce n'est là qu'une théorie. »

— Oui; mais cette théorie est fondée tout à la fois sur la morale, sur le bon sens et sur les intérêts publics ; elle est conçue exactement comme les institutions de droit qui ont formé les sociétés civiles, et a depuis longtemps pour elle l'opinion des esprits de premier ordre, comme nous l'établirons. Dès lors il n'est pas besoin de qualifier les volontés et les intérêts qui s'opposent à sa réalisation.

L'association appliquée aux États n'est pas seulement pour chacun d'eux la source de forces et de ressources nouvelles, elle est encore (et c'est là sa vertu suprême) le grand principe de l'UNITÉ dans la DIVERSITÉ, principe appelé à résoudre le problème des siècles et à faire disparaître partout l'antagonisme des deux éléments de la vie humaine (*individu* et *société*, *ordre* et *liberté*), pour diriger toutes les forces et tous les moyens intellectuels qu'absorbe l'antagonisme à l'amélioration perpétuelle du sort des enfants de Dieu.

Ce principe est la lumière qui s'est levée sur le dix-neuvième siècle comme un phare qui appelle au port les générations égarées par mille systèmes absolus et destructeurs les uns des autres. Elle a ébloui bien des regards, enflammé bien des têtes, et poussé grand nombre d'esprits, dans ces derniers temps, à de déplorables exagérations sous la dénomination de *socialisme*.

Et, qu'on le sache bien, il n'a qu'une seule expression légitime hors de laquelle tout tombe dans la confusion ; c'est celle-ci : Association *volontaire* des individus entre eux, des nations entre elles, avec des droits et des devoirs communs stipulés.

C'est pourquoi, nous le répétons, ce système ne constitue pas seulement l'ordre en tout et partout ; il assure encore, comme élément constitutif, la liberté !

On nous dit : « Pour s'associer, il faut que les nationalités soient identiques. » Les absolutistes d'en haut admettraient volontiers une sainte alliance de toutes les monarchies, et les absolutistes d'en bas une confédération uniquement composée de républiques.

Nous supplions qu'on n'insiste pas ainsi, car de tels arguments sont la négation même du principe social. Quand on les oppose à l'association d'États dissemblables dans leurs formes gouvernementales ou inégaux entre eux, il n'y a pas de raison pour ne pas les opposer à l'association d'individus qui ne seraient pas faits ou qui ne penseraient pas en tout de la même manière.

L'absolutisme politique et l'absolutisme religieux ont vainement épuisé leur tendance à constituer l'unité sur l'identité des formes; la nature, plus sage qu'eux, leur a résisté pour sauver la liberté des individus et la souveraineté des nations.

Il n'y a pas de principe moral ou abstrait qui régisse les formes du gouvernement : elles sont relatives aux temps, aux lieux, aux mœurs; Jean-Jacques Rousseau a eu raison de le dire.

Mais il y un principe suprême qui se reflète

sur la conscience, et qu'approuvent également la raison et l'expérience : c'est l'*association*..... Ce principe est appelé à donner l'unité aux religions, aux nations et aux hommes, et à les faire vivre en paix, sans altérer leur originalité, sans amoindrir leur énergie, et dans leur diversité.

Mais à cette politique de l'association ou confédération des États, qui seule peut produire la paix véritable et réaliser le rêve de Henri IV et de Napoléon Ier, *une république chrétienne, une famille européenne*, il faut une puissante initiative, une volonté inspirée, une épée défensive au besoin, comme celle que nous portons en ce moment en Orient, et surtout un drapeau déployé sur lequel tous les peuples puissent voir clairement le but d'une lutte suprême pour leur salut commun.

Nous avons dit, dans un précédent livre (1), où nous avons placé notre confiance. Nous croyons à une mission providentielle de notre France, alors même que nous ne savons pas exactement par quels moyens elle peut l'accomplir, et nous

(1) *La Turquie et les cabinets de l'Europe.*

sommes attentifs aux inspirations de son peuple. — La France est la messagère du droit, principe moral dont la seule idée, appliquée aux relations internationales, conduit logiquement à tirer les nations de l'état d'isolement et de violence où elles vivent, pour les élever à l'état de société ou de civilisation. Elle a le devoir de justifier ainsi ses révolutions et d'y mettre un terme en les renfermant dans le cercle de l'universel progrès. Il serait glorieux pour elle d'apprendre aux puissances que la solidarité est nécessaire aux peuples pour se soutenir dans la voie semée d'écueils où les entraîne la destinée. Pour réaliser cette solidarité, les gouvernements ne doivent pas attendre d'être devancés par l'opinion; car alors ils ne sont plus à la tête du mouvement de leur siècle, et ils peuvent entendre sonner l'heure inexorable d'une révolution.

CHAPITRE XIII

INFLUENCE DE QUELQUES AUTEURS SPÉCIAUX ET DES PRINCIPAUX TRAITÉS DE PAIX DANS LA QUESTION.

La constitution des sociétés ne s'improvise pas ; elle se fait d'elle-même à travers les siècles. C'est une création de la nature, un arbre aux profondes racines que Dieu a planté. Le génie de l'homme le cultive ou le mutile ; mais il ne demande qu'à étendre ses rameaux et à s'élever.

On est convaincu surtout de cette vérité quand on observe comment, en dehors des événements accidentels de l'histoire, le droit public se développe avec le temps. Nous avons vu les principes du droit public se faire jour timidement dès le seizième siècle, et prendre peu à peu consistance au dix-septième, par l'enseignement des grands juristes des contrées où la réforme religieuse avait rendu la liberté aux idées. La pensée de formuler une constitution européenne devait naturellement découler de l'idée du droit.

Grotius, Puffendorf et Wolf n'avaient pas encore la pensée de former l'unité européenne; Vattel avait à peine osé envisager l'idéal d'une fédération chrétienne qui se présentait cependant à son esprit comme un *rêve de bonheur*... Leibnitz aurait eu plus de confiance à cet idéal... Ancillon n'hésitait déjà point à déclarer que l'absence d'un droit positif entre les nations était la cause de toutes les guerres. Martens a considéré comme facile une convention des États stipulant leur droit.

D'autres publicistes, moralistes ou économistes, auparavant ou plus tard, ont touché à cet éminent sujet. Une lettre que William Penn adressait à Henri IV dès la fin du seizième siècle (1695) fit quelque bruit dans le monde. L'idée y était formellement exprimée d'une pacification basée sur un système de juridiction commune aux États.

Vient ensuite (1715) le projet du modeste abbé de Saint-Pierre, sous le titre de *Diète europaine*. L'auteur, par une sorte de pieuse fraude, et sans doute dans l'intention de lui donner plus d'autorité auprès des monarques de l'Europe, s'efforçait d'en attribuer une grande partie à Henri IV et à son ministre Sully. Il disait que le projet avait été rédigé par le Dauphin duc de Bourgogne, et qu'on l'avait trouvé dans les papiers de ce prince. Cet esprit honnête pensait qu'un bienfait comme celui de la paix du monde devait être donné aux nations par quelque bon roi.

L'abbé de Saint-Pierre allait loin dans la question, et proposait d'établir une alliance perpétuelle entre les divers États, et de former une ligue ou république chrétienne en vue de leur sécurité mutuelle contre la guerre étrangère ou civile.

L'article 5 proposait que les puissances renonçassent à faire la guerre l'une contre l'autre, et qu'elles acceptassent la médiation et l'arbitrage de l'assemblée générale, pour terminer leurs différends mutuels. Les États qu'il faisait entrer dans la ligue étaient au nombre de vingt.

Le digne abbé présentait son projet à une époque où les peuples étaient encore peu éclairés et où le scepticisme et la débauche tenaient plus de place à la cour que les idées saines et les sentiments d'humanité. Il en fit part au cardinal Fleury et au cardinal Dubois. Le premier lui fit cette réponse : « *Vous avez oublié d'envoyer des missionnaires pour toucher le cœur des princes et les persuader d'entrer dans vos vues...* » Le second appelait l'œuvre de Saint-Pierre le *rêve d'un homme de bien...* — Jean-Jacques Rousseau fit mieux que les deux cardinaux-ministres ; il s'efforça de tirer de l'obscurité ce projet, qu'il a rendu célèbre.

Jérémie Bentham publia en 1789 son *Projet de paix perpétuelle*. « La guerre, disait-il, est une sorte de procédure. Établissez un tribunal, et la guerre n'éclatera pas. La décision des arbitres, juste ou injuste, sauvera l'honneur et les intérêts de la nation condamnée. » Cet auteur ne voyait pas plus de difficulté à obtenir une juridiction internationale qu'il n'y en avait eu à établir la neutralité armée, la confédération américaine, la diète germanique et la ligue suisse. « On pourrait, ajoutait-il, former un congrès ou diète générale composée des plénipotentiaires des États, et cette représentation serait investie des pouvoirs suivants :

« 1° De prononcer des décisions;

« 2° De les faire publier dans tous les États;

« 3° De mettre l'État réfractaire au ban des nations, après un certain délai. »

Bentham croit que la force coercitive serait rarement nécessaire, et qu'il suffirait généralement de la publication des décrets de la diète pour soumettre les récalcitrants, opinion que Leibnitz avait aussi. Il poursuit gravement son œuvre; il va à la recherche des causes ordinaires de la guerre, et les trouve dans deux éléments qui se sont considérablement affaiblis depuis son époque : la rivalité pour les colonies et les droits de succession aux trônes. Enfin Bentham tente de rédiger un *code des nations*.

Emmanuel Kant, arrivé en 1795, avait son projet aussi de *paix perpétuelle*, qu'il fait précéder d'un savant exposé des principes du droit. C'était peu de temps après le traité de paix de Bâle. Kant demande que les États de l'Europe forment une confédération d'États libres, pour se garantir mutuellement de la guerre, et s'allient ensemble par une représentation au sein de laquelle seront examinés et librement discutés les différends et les intérêts généraux. Kant invoque les sentiments de la religion, de l'humanité, le droit des gens, l'intérêt des peuples; et son disciple Fichte fait durant plusieurs années l'enseignement de ces honnêtes principes. Burlamaqui marche dans la même voie en moraliste et en métaphysicien; et Pinheiro-Ferrara démontre plus fermement encore la nécessité de mettre en harmonie les États, pour le repos du monde et pour son utilité.

Gondon, moins connu, publie, en 1808, son traité du *Droit public et du droit des gens*, et le fait suivre d'un plan de congrès universel de juridiction. Il veut que tous les États y soient représentés; que les membres soient inamovibles. Il divise le congrès en attributs, qui lui donneraient un peu trop, peut-être, la forme et la force d'un gouvernement propre à absorber les nationalités.

Saint-Simon, dans sa préoccupation de la *ré organisation de la société européenne*, veut aussi un pouvoir universel analogue au gouvernement représentatif anglais; forme qui ne serait plus la confédération, mais l'absorption des États; Fourier aussi a présenté ce que l'on connaît de son *congrès d'unité*.

La filiation de l'idée s'est maintenue plus saine au Mémoire de M. Pecqueur, couronné par la Société de la morale chrétienne, et dans lequel on lit : « La guerre est l'art de substituer l'anarchie à l'ordre, la servitude à la liberté, la paresse au travail, la pauvreté à la richesse, le crime à l'honnêteté. »

Enfin M. Émile de Girardin a prêté à cette question l'appui de son talent infatigable et d'un journal des plus répandus.

Pendant que les publicistes élaboraient les idées, les hommes d'État les mettaient parfois en pratique. Ce n'est pas sans une haute admiration que l'on arrête ses regards sur les principaux traités intervenus entre les États de l'Europe dans les trois derniers siècles, après des guerres qui avaient épuisé les forces avec l'orgueil des princes, et fait jour à la conscience publique. Aucune de ces guerres n'avait été plus acharnée que la guerre de Trente Ans, inspirée à la fois par la politique et la religion. Après les désastres qu'elle avait causés, la commune misère fit concevoir la possibilité d'intérêts communs et la nécessité de droits mutuels pour le repos et la sûreté de tous. Plusieurs traités portent la preuve d'une tendance commune à réunir tous les peuples dans une alliance contre l'État qui menacerait, par sa prédominance, l'indépendance des autres États.

L'idée du droit commun et de son utilité prit caractère dans le traité de Teschen. Ce fut un beau et rassurant spectacle de voir ce traité consacrer les droits de l'électeur palatin, en l'absence de ce prince et après qu'il avait eu la pusillanimité d'y renoncer : le principe de la solidarité des nations se manifestait.

Les conférences d'Osnabruck, de Munster et de Prague eurent de magnifiques résultats. On y parla hautement des avantages qui résulteraient d'une institution propre à *perpétuer la paix.* L'idée fut émise d'un *congrès européen* auquel serait confiée la garde des intérêts communs aux divers États, et qui promulguerait des *lois pénales* contre les infractions des traités. La ligue du Rhin proposa solennellement à l'empereur de réaliser cette haute conception.

Le congrès de Westphalie fit faire un pas immense à la question. On n'y régla pas seulement tous les intérêts extrêmement compliqués des puissances de l'Europe; on fit plus, on posa des principes de droit international, et le traité qui y fut stipulé est encore considéré par les diplomates comme le *code des nations.* C'est là du moins que l'on retrouve, sous les noms de *droit public interne* et de *droit des gens conventionnel,* les bases sur lesquelles ont été réglés depuis lors les différends survenus entre les États.

Le traité de Westphalie n'était pas assurément un système complet de pacification, puisqu'il ne faisait que stipuler des droits sans pourvoir à un moyen capable d'en garantir l'observation.

Aussi vit-on, par la suite, plusieurs princes violer audacieusement les traités ou s'immiscer dans l'intérieur des États. Mais telle est la puissance morale d'un droit correspondant aux nécessités générales, que ce traité eut pour l'humanité d'incalculables résultats. Il mettait fin aux guerres nées de la révolution religieuse accomplie par Luther et Calvin, et de la lutte politique ouverte par Henri IV et Richelieu ; il fondait en Allemagne la liberté et l'égalité des croyances, et leur tolérance mutuelle; il rendait l'indépendance aux petits États, et, par une ingénieuse pensée, il faisait intervenir l'influence de la France et de la Suède par un droit de médiation en faveur de la paix; il reconnaissait l'existence de la confédération helvétique et l'indépendance des villes anséatiques, qui devinrent l'asile des écrivains dévoués à la propagation des lumières et que persécutait l'intolérance.

Depuis le congrès de Westphalie, les gouvernements ont entretenu des rapports favorables au maintien et au rétablissement de la paix, par l'usage des légations permanentes, et le droit des ambassadeurs a du moins été jugé inviolable, comme celui des nations qu'ils représentaient.

Divers priviléges, portant le caractère de la domination d'une nation sur les autres, sont successivement tombés en discrédit, et ont été abandonnés par les États qui en élevaient la prétention. C'est ainsi que la souveraineté des mers est passée dans l'ordre des chimères; que le droit de visite a été presque limité aux temps de guerre, et que la liberté de la navigation commerciale et de la pêche, hors des limites territoriales de chaque État, a été généralement reconnue.

La rivière de l'Escaut avait, il est vrai, été fermée par le traité de Westphalie en faveur du commerce hollandais; mais elle a été rouverte de nos jours à la navigation, devenue également libre et publique sur le Rhin et les autres grands fleuves de l'Europe.

Le monopole colonial, source féconde de guerres maritimes entre les puissances, a été presque aboli, et avec ce monopole est tombée la question, si longtemps contestée, du droit des neutres de s'immiscer, en temps de guerre, dans un commerce prohibé durant la paix.

La traite des noirs a été condamnée comme l'opprobre de l'humanité et entièrement abolie, sinon de fait, du moins de droit.

Les lois de la guerre ont été améliorées, et l'usage en a été adouci d'une manière sensible entre les nations civilisées.

Le tarif des droits prohibitifs entre les États s'est abaissé progressivement, et, entre plusieurs, touche de près à la liberté des échanges.

La sphère du droit international européen, ainsi améliorée, s'est beaucoup étendue, par suite des établissements portés dans d'autres régions par les Européens. Les États-Unis de l'Amérique ont adopté nos usages diplomatiques, et ceux du Nord ont donné plusieurs exemples d'affaires importantes qui menaçaient d'aboutir à une guerre et qui ont été réglées par des arbitrages.

Enfin les rapports des peuples de l'Asie et de l'Afrique avec notre continent les ont décidés à renoncer à plusieurs usages barbares de leurs aïeux, et la Turquie elle-même, dans ces dernières années, a tenté, par sa déclaration du hattischériff de Gulkané, des réformes qu'elle continue aujourd'hui sous l'influence des puissances occidentales.

Un progrès si général dans les mœurs des peuples est assurément social de sa nature. On y voit les principes du droit commun des peuples et de la paix marcher d'un pas lent, mais irrésistible, et préparer l'association définitive qui doit donner le repos au monde et permettre de reporter les ressources et les forces des nations à l'amélioration du sort de l'homme. Telle est la puissance du système des congrès ; tant de bienfaits sont sortis comme autant d'enfantements successifs du sein de ce congrès de Westphalie, où les éléments discordants de l'Europe étaient venus s'embrasser et s'unir pour fonder un droit international.

Je voudrais, par un sentiment facile à comprendre, passer sous silence les traités de 1815 conclus sur nos ruines, où le démembrement de la Pologne fut consommé, la Saxe sacrifiée, et qui donna particulièrement à la Russie une prépondérance excessive, double faute commise sous la pression de la force, et qui léguait nécessairement à l'avenir le devoir d'une réparation. Mais le congrès de Vienne lui-même fut un immense bienfait pour la civilisation dans les circonstances où il se présenta ; tant il est vrai que, entre les nations comme entre les hommes, les pourparlers et les arrangements font tout le bien possible, tandis que la guerre, au contraire, fait beaucoup de mal.

Le traité de Vienne présenta le plus grand spectacle de ce genre, par le nombre et par la qualité des négociateurs réunis. Jamais il ne fut mieux démontré que là où la force fait une place, même restreinte, à l'intelligence, les plus grandes puissances de la terre sont soumises à celle de leur siècle. Ici, les gouvernements reconnaissent comme principes fondamentaux :

« Qu'une indispensable nécessité peut seule justifier les princes et les peuples de faire la guerre ;

« Que les États doivent réciproquement respecter leur indépendance ;

« Que les formes du gouvernement ont besoin d'être réglées par des lois précises ;

« Que les souverains doivent reconnaître à

leurs peuples le droit de participer à la législation ;

« Que l'esclavage et la servitude sont des maux qu'il faut détruire ;

« Que la manifestation de la pensée par la voie de la presse doit être libre ;

« Enfin, et avant tout, qu'il doit y avoir un lien commun entre la religion, la morale et la politique. »

L'empereur Alexandre, usant noblement de sa position personnelle dans la circonstance, fit admettre ce principe : que toutes les têtes couronnées sont égales entre elles ; on les nomma toujours par ordre alphabétique, et leurs ministres signaient sans distinction de tour.

Les difficultés ne manquaient pas au congrès de Vienne. Les questions de la Pologne et de la Saxe, la reconstitution de la Prusse et de l'Autriche ; les arrangements territoriaux de la Confédération germanique ; les affaires de la Suisse, de l'Italie, des Pays-Bas ; la navigation des fleuves, l'abolition de la traite des noirs, celle du droit de visite, celle des neutres, etc., tout y fut réglé, non à la satisfaction universelle, mais d'une manière plus libérale, sans doute, que ne l'eût fait un seul homme, vainqueur de tous les autres, et que le sentiment de la puissance individuelle eût inspiré. L'individu est de sa nature arbitraire, sujet à passion et à erreur, tandis que les réunions voient s'annuler réciproquement ce que chaque individu porte en lui d'exclusif et d'absolu en fait d'opinions et d'intérêts.

Malgré l'esprit de réaction dont les puissances alliées étaient naturellement animées, le congrès de Vienne fit encore une large part aux besoins de l'époque, dont les plus grands étaient la paix et la liberté. Le gouvernement représentatif fut appliqué d'une manière plus ou moins réelle à tous les États de la Confédération germanique qui le demandaient pour prix du sang versé sur les champs de bataille. La liberté religieuse et l'égalité civile furent maintenues. Le congrès consacra plusieurs autres dispositions salutaires, et montra, malgré lui, en quelque sorte, le progrès toujours croissant du droit public international fondé à Prague, à Osnabruk, à Teschen, et particulièrement au congrès de Westphalie.

Au congrès de Vienne, on parla sérieusement

de la possibilité de réaliser une *amphictyonie européenne* et d'un *système répressif des infractions de la paix publique*. L'ambassadeur de France y proposa l'institution de *conférences diplomatiques dont la période assurerait, dans l'avenir, la conciliation de tous les intérêts internationaux.*

Enfin les empereurs de Russie et d'Autriche et le roi de Prusse, avant de se séparer, firent entre eux le pacte de *vivre en frères* et de gouverner leurs peuples *selon les préceptes de l'Évangile.....*

C'est ainsi que marche parallèlement, dans la science du droit et dans les faits internationaux les plus importants, la grande question de *la paix universelle et permanente*, que les ignorants croient être seulement le rêve d'un honnête abbé du siècle dernier.

CHAPITRE XIV

AVANTAGES PRATIQUES DU CONGRÈS DES NATIONS.

L'expérience nous montre que, pour dénouer leurs différends, les États ont mis alternativement en usage la guerre et le congrès ; que la guerre viole le plus souvent les droits, froisse les intérêts et ne fonde rien de stable ; que le congrès, au contraire, rétablit les droits, règle au mieux les intérêts et fait jour à des principes dont l'ascendant moral est de plus en plus imposant. La conclusion naturelle est donc celle-ci : ne recourez jamais à la guerre ; recourez toujours au congrès ; et, afin que ses bienfaits se perpétuent, faites du congrès une institution fixe et permanente. Voilà ce que dit le bon sens, voilà ce que disent les intérêts généraux.

Mais, par une fatalité remarquable, jusqu'à ce jour, aussitôt que le congrès avait fait son œuvre et remédié, dans la mesure de ses facultés, au mal causé par la guerre, il disparaissait, comme si les souverains eussent redouté que leur épée n'en fût émoussée.

Il est résulté du peu de fréquence ou plutôt de la non-continuité des congrès, que les traités qu'ils avaient conclus n'ont point eu de garantie, ni même d'interprétation certaine. Après leurs dissolutions, les États se conformaient à leur décision aussi longtemps que cela leur plaisait. C'est pour cela que nous voyons encore, au dix-neuvième siècle, les diverses nations de l'Europe vivre à l'état d'isolement ou de nature qui est la négation de la société. Tout a progressé sous l'influence de l'esprit public et des besoins généraux ; tous les liens sociaux se sont étendus et resserrés entre les peuples ; les gouvernements seuls sont restés stationnaires et semblent encore résister à la marche du temps.

La diplomatie, dans ces derniers temps, c'est

une justice à lui rendre, a fait de grands efforts pour éloigner la guerre et pour y mettre un terme. Mais, n'est-elle point esclave encore trop de cette politique purement stratégique qu'elle appelle l'*équilibre* européen, et dont le principe consiste, comme dans les républiques de l'ancienne Grèce et celles de l'Italie au moyen âge, à se maintenir, force contre force, dans une défiance incessante? Nous le craignons encore; mais nous observons qu'une telle politique est peu conforme aux bons et loyaux sentiments dont nous voyons s'inspirer les diplomates eux-mêmes, car elle manque essentiellement de moralité.

Une des faces de la science diplomatique consiste, sans doute, à conduire les nations à la division la plus régulière et la plus favorable au libre développement de leurs facultés, et même à égaliser, le plus qu'il est possible, leur territoire et leurs forces. On établit ainsi ce qu'on appelle l'*équilibre*. Mais, outre que c'est là un travail bien difficile à faire, et impossible à perfectionner au milieu de toutes les résistances, il est certain qu'en restant exclusivement dans le domaine des faits matériels, on ne fonde que bien précairement cet équilibre. En effet, les traités sur lesquels il repose sont dépourvus de garantie, et la stabilité n'a point de base certaine. C'est donc au droit incréé, pressenti par la conscience; c'est à la justice révélée providentiellement au cœur humain et à la raison humaine, qu'il faut demander un point d'appui élevé et certain pour achever l'édifice. Mais il ne suffit pas de rendre hommage à ce principe moral et de l'invoquer dans des circonstances critiques, pour retomber ensuite dans l'indifférence; il faut le traduire en un droit positif, et faire que la justice règne sur les nations comme elle règne, à leur intérieur, sur chacun. La justice est partout une bonne politique; et nous ne sommes pas le premier qui l'ait affirmé, même après Cicéron, Burke et Macktosh (1).

Lorsque je vois des gouvernements aussi éclairés que ceux de l'Europe reculer encore devant la solution possible de ce grand problème,

(1) La perversité, quelque habile qu'elle soit, a tort de se vanter de ses victoires; car, en définitive, c'est la justice seule qui triomphe... L'injustice n'a jamais raffermi un trône.
L. Napoléon. (*Fragments historiques.*)

le mot de Vattel : *Aveugles intérêts particuliers*, se présente toujours à mon esprit. Mais quel intérêt particulier peut donc rêver un État que l'autre ne puisse caresser également? Oui, le fort se dira : Je veux encore m'agrandir; je veux encore conquérir tel avantage sur le voisin; la Russie aura dit : Moi, je veux, avant l'établissement d'une paix permanente, faire la conquête du monde et régner sur lui! Un tel langage pouvait être tenu intérieurement par les cabinets autrefois, lorsque la fortune publique était restreinte à la possession territoriale, et que le commerce, plus ou moins entravé par des États, faisait, pour ainsi dire, une nécessité aux autres d'employer les moyens violents pour étendre le leur. Mais de nos jours, lorsque les rapports commerciaux sont presque entièrement libres d'un bout du monde à l'autre; lorsque la fortune publique et particulière s'est généralisée sous toutes les formes que le crédit et l'industrie ont pu lui donner; lors, surtout, que l'importance des nations consiste bien plutôt dans leur civilisation que dans l'étendue de leur territoire, nous ne voyons plus de raison pour que les cabinets se renferment dans la réserve égoïste de l'ancienne politique, et nous ne craignons pas de leur proposer pour règle cette sage déclaration que l'empereur Napoléon faisait, le 2 mars 1854, en ouvrant à son grand regret la guerre d'Orient : « Je le déclare hautement, le temps des conquêtes est passé sans retour; car ce n'est pas en reculant les limites de son territoire qu'une nation peut désormais être honorée et puissante; c'est en se mettant à la tête des idées généreuses, en faisant prévaloir partout l'*empire du droit et de la justice.* »

Si le règne des conquêtes est passé, et tout porte à le croire assurément, à quoi peuvent servir les restrictions mentales que les hommes d'État apporteraient à la rédaction d'un code international et à l'établissement d'un congrès de juridiction commune? Les gouvernements ne songent pas, sans doute, à empêcher les peuples de se mêler d'un bout du monde à l'autre dans leurs rapports. Alors pourquoi, eux, voudraient-ils désormais rester dans un état d'isolement insocial? Nous osons croire qu'on n'a pas assez représenté aux souverains les avantages qu'ils retireraient, sans exception, d'une institution qui serait un pivot autour duquel graviteraient régulièrement tous les États, qui ne marchent aujourd'hui qu'en se heurtant les uns les autres comme des éléments en désordre.

Nous avons dit que si le congrès de juridiction eût existé, la guerre d'Orient n'aurait point eu lieu, et que cette grande institution l'eût prévenue ou fait reculer devant les forces de la confédération. Mais combien ce congrès ne présenterait-il pas d'avantages particuliers dans ses fonctions purement arbitrales et internationales, s'il existait à l'état d'institution permanente ou seulement périodique! D'abord, il ferait disparaître l'inconvénient, pour les plénipotentiaires, de se courir après les uns les autres avec beaucoup d'efforts, et de se croiser sur toutes les routes des capitales, présentant au public le spectacle d'un désarroi continuel. Si les plénipotentiaires siégeaient, à poste fixe, dans un lieu plus ou moins central, ils auraient un regard plus juste sur l'ensemble des intérêts, ils les étudieraient dans un esprit moins imbu des préventions nationales réciproques, et ils trouveraient dans l'habitude de juger en commun des questions, un sentiment d'équité qui reste peut-être imparfait aussi longtemps qu'il s'agit, pour chacun d'eux, de faire prévaloir les intérêts particuliers de leur pays. Et combien de facilité les divers gouvernements n'auraient-ils pas de communiquer leurs impressions à leurs plénipotentiaires ou aux commissaires qu'ils délégueraient auprès d'eux, depuis surtout que l'électricité est mise à leur disposition!

Le congrès des nations aurait un caractère spécialement juridique et purement international.

Il redigerait un code international, et stipulerait les moyens d'en sanctionner l'exécution.

Il reviserait les traités et en assurerait l'exécution, soit par la puissance morale de la publicité, soit en mettant au ban des nations l'État récalcitrant, soit en lui opposant, en cas de violence, les contingents d'une milice disciplinaire, qui seraient fournis par les divers États de la confédération.

Ce congrès maintiendrait la neutralité et la

sécurité des mers; il assurerait la liberté du commerce, en ménageant, dans la transition du système prohibitif au système de liberté absolue, les intérêts actuellement engagés. Il arbitrerait les charges incombant à chaque État, dans de grands travaux internationaux au-dessus des forces des compagnies particulières, tels que le percement de certaines montagnes, la coupure de certains isthmes, la confection de routes de long cours, comme celle des Indes, les irrigations fluviales et autres grandes entreprises pouvant intéresser toutes les nations ou plusieurs d'entre elles.

Il présiderait aux colonisations importantes, serait attentif aux conséquences des grandes découvertes et inventions intéressant l'humanité.

Il faciliterait les rapports internationaux de toute nature; la propagation des lumières, l'écoulement et l'équilibre des produits agricoles, industriels et artistiques, par la publication, particulièrement, de statistiques et de renseignements dont la sincérité ne serait point douteuse, et tiendrait ainsi en harmonie constante la répartition commerciale et la richesse des nations.

Enfin le congrès favoriserait l'établissement d'institutions destinées à imprimer l'unité aux langues, aux poids et aux mesures, aux observations scientifiques, à la statistique, aux arts, aux rapports religieux et moraux ; il serait la loi vivante, le verbe officiel de l'esprit humain régnant enfin sur le monde affranchi et pacifié.

A ce point de vue, il est facile d'apercevoir la suprême importance qu'aurait le congrès. En effet, il réaliserait une institution qui manque au monde depuis la cessation des conciles œcuméniques pour établir l'unité et le lien politique des nations. Il serait la pierre de voûte du vaste édifice social, porterait la parole en présence de Dieu et au nom des peuples, il interviendrait avec la balance de la justice dans les différends internationaux de toute sorte, et réprimerait l'anarchie entre eux, c'est-à-dire la guerre, et ainsi serait accomplie la dernière transformation.

Sur un horizon moins général, et à ne considérer les avantages d'une juridiction qu'au point de vue des rapports commerciaux, quels ne seraient pas encore ses bienfaits! Les besoins entre les peuples sont correspondants. L'univers présente l'aspect de contrées dont les unes possèdent en trop grande abondance les objets qui manquent à d'autres, et il n'est pas de lieu où l'on n'ait à souffrir la privation de ce qui est inutile ailleurs. L'Espagne, le Portugal, la France, par exemple, abondent en vins, tandis que l'Angleterre, l'Allemagne, la Russie, en sont privées. La Russie, l'Australie, sont embarrassées de leurs laines, tandis qu'en France, en Angleterre, aux États-Unis, les étoffes de cette matière sont proportionnellement à un prix élevé. L'Angleterre, la Suède, abondent en fer et en bois, substances généralement rares dans les contrées du Midi. Enfin l'or est ici, le platine est là, le sel, le charbon houiller, le soufre, le plomb, l'étain, le cuivre, l'argent, le mercure, varient de situation sur le globe. Un tel inorganisme n'est pas seulement manifeste de peuple à peuple, il l'est encore de province à province dans la plupart des États.

Mais, en supposant même que toutes les puissances eussent résolu jusqu'à un certain point le problème de la consommation intérieure de leurs produits par les établissements de crédit public et la profusion des voies de communication, la tendance commerciale ne serait point satisfaite. Le commerce n'est grand et prospère à l'intérieur qu'autant qu'il l'est au dehors : au commerce, ainsi qu'à l'esprit humain, il faut l'universalité.

Telle n'est point, dans l'état actuel des choses, la situation vraie du commerce. Malgré les progrès que nous avons signalés, trois conditions, nécessaires à son développement absolu, sont encore la *facilité*, la *liberté*, la *sécurité*.

Durant les trêves passagères que nous appelons la paix, ces précieux avantages existent; mais ils n'ont ni l'étendue, ni la consistance nécessaires. Sur terre, par exemple, le commerce voit sa liberté entravée à chaque frontière par le système de la prohibition; ses produits peuvent être confisqués en raison même de leur abondance ou de leur perfectionnement; ils peuvent, de plus, être saisis en cas de déclaration de guerre.

Le congrès de juridiction peut seul assurer

aux grands transports commerciaux la facilité, la liberté, la sécurité :

La sécurité, en abolissant la guerre, en abaissant proportionnellement le chiffre de l'effectif militaire des diverses nations, en organisant la police des grands passages de terre et de mer ;

La liberté, en supprimant avec de sages précautions, et des indemnités au besoin, les taxes des États entre eux, et en déclarant la liberté commerciale aux frontières, sur les fleuves et sur les mers ;

La facilité, en ouvrant à frais proportionnels des voies de communication à travers les montagnes, les isthmes, et qui seraient trop onéreuses pour un seul État ou pour des compagnies industrielles.

Ainsi pourrait s'établir, par exemple, un chemin de fer entre la Méditerranée et l'Euphrate, ou à travers l'Égypte, pour aller aux Indes ; l'isthme de Panama, entre l'océan Atlantique et l'océan Pacifique, l'isthme de Corinthe, dans la Méditerranée, pourraient cesser de faire obstacle à la navigation. On percerait les Alpes, les Pyrénées et autres grandes montagnes ; on se rendrait maître des fleuves et l'on dompterait sur quelques points l'Océan lui-même.

De telles entreprises, et de plus surprenantes peut-être, deviendraient possibles du jour où une puissance unitaire offrirait un point d'appui au faisceau des forces internationales et leur imprimerait la direction vers les intérêts communs aux peuples. Qu'on se figure un instant que la moitié seulement des capitaux dépensés à l'entretien de l'état militaire des puissances de l'Europe (qui s'élève à environ quatre milliards) va être employée à des travaux de grandes communications, de grandes irrigations, de grands desséchements de marais pendant vingt ans; combien la prospérité générale n'en serait-elle pas accrue au profit de ces sociétés qui ne s'agitent soit au dehors, soit à l'intérieur, qu'en vue de leur bien être, et qui semblent en faire la condition *sine quâ non* de l'existence des gouvernements !

Un tel système se distingue assurément de celui qui a pour objet un équilibre purement nominal et matériel, établi momentanément et sous l'influence de la force. Il le complète et le réalise en rendant possible, calme et désintéressée la discussion des intérêts, et en leur apportant des garanties.

La carte de l'Europe pourrait être modifiée, du consentement des États, de manière à favoriser le développement des intérêts individuels et réciproques ; et chaque État aurait lieu d'en attendre des avantages analogues à ceux que l'individu a trouvés en passant de l'état de nature à l'état social, et en déposant sous la garantie de la loi quelque chose de ses droits pour assurer tous les autres.

Dans la situation de ruse, de défiance et de violence mutuelles où vivent encore les nations, combien de gêne n'éprouvent elles pas; combien de secrets déboires, de sollicitudes vaines, de désirs impuissants, de rêves impossibles, qui cependant pourraient se réaliser par des traités pris au point de vue d'une généreuse division du globe et de la vie universelle des peuples !

La pensée d'un remaniement des frontières inquiète à tort certaines puissances. L'idée d'une violence ne saurait exister, et, d'ailleurs, du jour où la force matérielle ne sera plus la souveraine du monde, les intérêts nationaux consisteront beaucoup moins dans l'étendue du territoire que dans la position géographique, les lumières des peuples et l'esprit des institutions. C'est là une vérité devenue de jour en jour plus sensible, et que les souverains sont appelés à apprécier davantage depuis qu'elle a été sanctionnée, comme nous l'avons vu, par la déclaration de l'un d'entre eux.

CHAPITRE XV

LES PUISSANCES OCCIDENTALES DOIVENT-ELLES ACCORDER LA PAIX ACTUELLEMENT ?

Avant que la guerre éclatât, et lorsque déjà les desseins de la Russie ne pouvaient rester ignorés de personne, nous posions la question de savoir s'il fallait faire la guerre ou s'en abstenir, et nous disions : L'Europe est avertie : si les souverains de l'Europe comprennent les intérêts de leurs peuples, de la civilisation, ils se coaliseront pour refouler la Russie dans de justes limites, et leur coalition deviendra une confédération stable dont la Russie fera, par la suite, partie si elle le veut, et si elle en est digne.

La question n'a en rien changé pour nous depuisque les hostilités ont éclaté. Nous la posons sous une autre forme, lorsque nous disons : Les puissances occidentales doivent-elles accorder la paix en ce moment?

Les puissances ont plus que jamais la mesure et le sentiment de leurs forces. Elles peuvent conclure la paix dans les conférences ouvertes, aux conditions bien interprétées qui sont posées dans les *quatre garanties*. En faisant cela, elles pourvoiront aux intérêts prochains, très-affectés par l'état de guerre; elles auront gagné des avantages considérables, et noblement vengé un défi maladroit. La paix réparera les torts apportés déjà aux relations commerciales, et aura bien vite payé elle-même les frais de la guerre. Peut-être même l'influence de la civilisation sera-t-elle assez puissante, par la suite, pour éloigner à jamais toute nouvelle tentative d'invasion de la part de la Russie.

Mais si les puissances occidentales étaient parfaitement d'accord pour reconnaître que l'équilibre matériel des États est faussé par la prépondérance excessive de la Russie, la guerre devrait continuer jusqu'à ce que cette dernière puissance fût refoulée dans de certaines limites et consentît à s'y confiner. Ce serait là, dans nos convictions, une condition très-importante de la pacification permanente de l'Europe. Cette condition serait complète si, contrairement au projet que nourrit la Russie, d'établir à son profit la monarchie universelle, en envahissant successivement toutes les nationalités, on parvenait à porter le partage dans un empire qui est plus grand à lui seul que le reste de l'Europe, et qui, par une disproportion gigantesque de territoire, serait un inconvénient et un danger pour la confédération européenne, soit qu'il en fît partie, soit qu'il lui restât opposé.

En toute question il convient de remonter aux causes. La guerre d'Orient, qui est à peu près l'unique guerre encore possible, a son germe dans l'ambition moscovite ; et on là voit poindre avec son aspect le plus menaçant dans la curieuse pièce que l'on considère comme étant le testament politique de Pierre le Grand. On lit, en effet, à l'article 9, les conseils suivants, qu'il lègue à ses successeurs comme devant être le secret et le fond de la politique incessante de leur cabinet :

« Approcher toujours de Constantinople et des Indes. Celui qui y régnera sera le maître du monde... En conséquence, susciter alternativement des guerres à la Turquie, à la Pologne, à l'Autriche et à la Perse. Établir des chantiers sur la mer Noire ; s'emparer peu à peu de cette mer ainsi que de la Baltique (ce qui est un double point d'appui pour le projet) ; hâter la décadence de la Perse, pénétrer jusqu'au golfe Persique et arriver aux Indes, qui sont l'entrepôt général du monde !... »

La Russie s'est montrée fidèle à suivre ce plan, à la honte des puissances de l'Occident. Lorsque Pierre le Grand monta sur le trône (1622), les frontières de la Russie, au midi, ne dépassaient pas le Don et le Volga; aujourd'hui, elles se trouvent portées au delà des rives de l'Arax. La Russie a conquis, de ce côté, une partie du Caucase et de la Géorgie, de la Tartarie, de la Circassie, Tiflis, Érivan, la mer Caspienne, et s'est avancée jusqu'aux environs de Kur. Elle occupe des positions qui menacent incessamment l'Arménie ; elle tient des passages de montagnes qui séparent cette province de la Géorgie, et des forteresses qui, autrefois, défendaient la frontière ottomane. Elle menace, par chacun de ses mouvements, d'interrompre la seule ligne de communication par laquelle le commerce d'Occident transporte en Perse, à travers la Turquie, des marchandises pour une valeur de cinquante millions de francs. Elle n'a qu'un pas à faire pour se jeter sur Trébizonde, d'où elle couperait tout commerce autre que le sien, avec la Géorgie et la mer Caspienne, et établirait son monopole sur les marchés de la Perse, où déjà elle leur fait une ardente rivalité. De plus, la Russie tient sous sa domination un passage important sur l'Arax, à Abbasabad qui, n'étant point utile à sa défense, ne peut servir qu'à l'agression : elle s'arroge la navigation exclusive de la mer Caspienne. Au moment où a éclaté la guerre actuelle, on assurait qu'elle était sur le point d'envahir la province de Tauris, Khiva, Astrabac et le golfe appelé Karaboogod, d'où elle ouvrirait la voie vers la mer d'Aral, où elle a déjà des bateaux à vapeur. Ainsi la Russie s'acheminerait à grands pas vers les rives du Tigre et de l'Euphrate !

Les puissances occidentales, l'Allemagne en particulier, ont pu croire que l'ambition moscovite, en se portant ainsi vers l'Orient, était détournée de peser sur elles ; mais du côté du Nord, la Russie n'a pas été moins fidèle à son programme.

Du côté de l'Europe, elle a envahi successivement la Finlande, l'Esthonie, la Livonie, la Courlande, la Lithuanie, la moitié de la Pologne, l'Ukraine méridionale, la Crimée, la Bessarabie ; et nous pourrions ajouter les provinces danubiennes, car la Russie y a tellement avili l'autorité de la Turquie et brisé l'esprit de nationalité, qu'elles ne semblaient plus guère qu'une proie dévolue à son avidité, il y a peu de temps.

Ces envahissements sur l'Europe occidentale ont eu lieu surtout depuis 1772 ; la Russie a accru son territoire d'une superficie double de celui qu'elle possédait avant cette époque. Elle a donc, dans l'espace de quatre-vingts ans, rapproché ses frontières de plus de cent lieues de Vienne, de Berlin, de Munich, de Dresde, de

Paris et de Constantinople Elle s'est posée à Varsovie, à peu de distance de la Suède, tandis qu'elle se fortifiait à l'île d'Aland pour dominer Stockholm.

Les conquêtes que la Russie a faites sur la Suède sont plus grandes que tout ce qui reste de cet ancien royaume : sur la Pologne, elles égalent le vieux sol de l'Autriche; sur la Turquie d'Europe, elles équivalent à toutes les possessions de l'ancienne Prusse. Le territoire qu'elle a ravi à l'empire ottoman, en Asie seulement, égale en dimension tous les petits États d'Allemagne, et ses conquêtes sur la Perse formeraient elles seules un vaste royaume.

C'est ainsi qu'entraînée par une aveugle ambition, et lorsqu'elle possède plus de territoire qu'elle n'en peut sagement administrer et féconder, la Russie mine et absorbe les nationalités.

Depuis la bataille de Nerwa, elle n'a cessé de troubler et de mutiler la Suède, tantôt par la force, tantôt par l'intrigue. — Depuis la bataille de Pultawa, elle a constamment travaillé à la ruine de la Turquie, de même que depuis sa victoire de Nystadt, elle poursuit sans relâche ses conquêtes en Perse. — Ses intrigues en Allemagne n'ont-elles pas tenu l'Autriche dans de secrètes alarmes, jusqu'au jour où son jeune empereur, François-Joseph, s'inspirant d'une noble indépendance, et de l'amour de son peuple, a secoué un joug protecteur? La Prusse, sous des apparences de famille, n'est-elle pas déjà traitée comme appartenant à la maison de Russie? Le Danemark et la Suède sont-ils comptés pour quelque chose, et leur parle-t-on autrement qu'on ne parlait il y a deux ans à la Turquie? Qui ne se souvient des promenades de l'empereur Nicolas à travers les États allemands, et des airs sans façon qu'il s'y donnait? N'aurait-on pas cru qu'il était déjà le haut seigneur de toutes les principautés et nationalités de la Confédération germanique, où, par parenthèse, il a su se créer un grand nombre de parents? Qui n'a remarqué aussi sur quel ton parlait, l'année dernière encore, M. de Nesselrode, en s'adressant à la France et à l'Angleterre?

Mais, si le tableau matériel des envahissements de la Russie présente une effrayante signification et un redoutable danger, le génie qui a constamment présidé à ces diverses conquêtes n'est pas moins digne d'une prudente observation. Quoiqu'il y ait justice à reconnaître, en certain sens, que cette nation est en voie de civilisation, on retrouve encore, dans les actes les plus récents du cabinet de Saint-Pétersbourg, l'empreinte de ce vieil instinct moscovite, dans lequel nous sommes bien obligés de reconnaître la rudesse alliée à la dissimulation.

En effet, c'est toujours cette politique astucieuse et avide qui consiste invariablement à soulever les peuples contre leurs souverains et à protéger ensuite ces souverains contre leurs sujets rebelles, *politique du protectorat*. Elle prend naturellement sa source dans l'orgueil d'une ambition fixe qui n'a pour autorité qu'elle-même. C'est surtout dans l'histoire de ses guerres avec la Perse, la Pologne et la Turquie, qu'il faut voir comment la Russie a constamment mis en usage ce système, alternativement perfide et violent. — Poussée par ce naturel, la Russie marche avec une foi aveugle sur les diverses routes où l'a lancée son Pierre le Grand; et, si on ne l'arrête, elle se portera rapidement sur les rives de l'Indus à travers les ruines de la Turquie et de la Perse, et sur les rives du Rhin en foulant sous ses pieds les nationalités allemandes et en les faisant servir à l'accomplissement de ses desseins.

Telle est la situation historique des choses ; telle est la marche incessante et terrible de la Russie à l'envahissement universel.

Un tort immense de la part des puissances de l'Occident fut de ne pas s'opposer au premier démembrement de la Pologne et à celui de la Suède ; car la Russie, n'ayant plus rien à redouter de ces deux braves nations, porta contre la Turquie toutes ses forces, devenues dès lors irrésistibles à cette puissance. Elles firent une autre faute en n'intervenant pas dans ce traité de Kaïnardji, à propos duquel le représentant de l'Autriche à Constantinople écrivait à son gouvernement : « Ce traité est un modèle d'habileté de la part des diplomates russes et un rare exemple de simplicité de la part des négociateurs turcs. Aux termes de ce traité, la Russie sera toujours maîtresse, quand elle le jugera à propos, d'opérer des descentes sur la mer Noire. De sa nouvelle frontière de Kirtch, elle pourra conduire, en quarante-huit heures, un corps d'armée jusque sous les murs de Constantinople. Une conjuration concertée avec les chefs de la religion schismatique éclatera sans nul doute dans ce cas, et le sultan n'aura plus qu'à fuir au fond de l'Asie, en abandonnant le trône de l'empire ottoman à un possesseur plus habile. La conquête de Constantinople par les Russes pourra se faire à l'improviste, et avant même que la nouvelle en soit portée aux autres puissances chrétiennes. » Il était difficile de mieux lire dans l'avenir et de prévoir plus exactement les dangers que courent aujourd'hui les intérêts de l'Orient et de l'Occident.

Depuis le traité de Kaïnardji jusqu'à celui d'Andrinople, la Russie domine toute la scène politique de l'Europe. Venise et l'Autriche, qui avaient joué un grand rôle après le traité de Carlowitz, s'effacent; la Pologne est absorbée; la France et l'Angleterre sont à peine des puissances médiatrices. La Russie dirige les négociations diplomatiques de la Porte, engage et dénoue toutes les affaires à Constantinople. Ce n'est point assez, cependant, pour une ambition systématique; la Russie veut aller plus loin en territoire, et assurer plus fortement cette domination morale, elle en va trouver le moyen.

Le traité de Kaïnardji avait reconnu l'indépendance de la Crimée. Mais la Crimée convenait trop bien à la Russie pour que son protectorat sur cette province lui suffît et qu'elle la laissât sous la domination des princes tartares. Les intrigues de ses agents surent exploiter les haines qui divisaient les diverses branches de la famille souveraine des khans. Ils excitèrent bientôt des troubles dans cette péninsule; un khan, protégé par la Porte, fut déposé; un autre, favorisé par la Russie, monta sur le trône. Celui-ci était un homme faible; il fut intimidé, et céda tous ses droits à l'impératrice Catherine.

La Porte, indignée de la mauvaise foi de la Russie, se détermina à une déclaration de guerre que le peuple demandait à grands cris (1787). Elle comptait sur l'appui de la Suède et de la Prusse et sur les bons offices de la France, qui, cédant depuis longtemps à l'influence de l'Autriche, ne servait plus ses anciens et véritables amis que par les intrigues de ses agents diplomatiques. Mais les Ottomans, au lieu de tels secours, promis par un traité, virent paraître un ennemi qui n'avait aucun motif de les attaquer. C'était l'empereur Joseph II, qui comptait partager avec Catherine les dépouilles de la Turquie, et ne comprenait pas apparemment que la Russie, gagnant toujours du terrain et des forces, pourrait toujours se faire la part du lion. C'est ainsi que, par l'incurie des puissances occidentales, les embarras de cette question d'Orient s'accumulaient...

Nous n'en sommes pas à écrire l'histoire; mais nous avons devant les yeux le tableau de la situation faite à l'Europe par l'ambition de la Russie et des causes qui l'ont amenée. Nous désirons appeler l'attention sur un autre point important à notre avis, et qu'embrassent nécessairement les considérations qui nous occupent. On y verra que les puissances occidentales ont fait preuve d'une regrettable négligence dans toutes les circonstances capitales où elles étaient appelées à refréner l'ambition moscovite. Nous voulons parler de la faute qu'elles commirent au congrès de Vienne, où peut-être elles n'étaient déjà plus maîtresses de se soustraire à l'ascendant de la colossale puissance du Nord. Au congrès de Vienne, la Russie exige deux choses : un nouveau démembrement de la Pologne, auquel elle intéresse l'Autriche et la Prusse en leur attribuant, ou plutôt en leur donnant à garder, pour un temps, une part de cet infortuné royaume ; la seconde, l'exclusion de la Turquie de toute participation au congrès. La première de ces mesures élargissait à la Russie l'horizon qu'elle s'était ouvert au Nord par l'envahissement de la Finlande et celui de Varsovie ; la seconde lui ménageait sur l'Orient la route que lui avait tracée le traité de Kaïnardji. En cette circonstance, l'Autriche et la Prusse cédèrent à une sorte d'intérêt actuel ; l'Angleterre céda aussi, harassée qu'elle était de la terrible guerre qu'elle venait de supporter.

Quant à la France, elle ne pouvait rien, pour deux raisons. La première, c'est qu'elle était fort affaiblie, par suite de ses défaites, et reçue à titre gracieux au sein du congrès ; la seconde, c'est qu'après la chute de Napoléon, les idées françaises, qui, seules, pouvaient être efficacement opposées à un système d'oppression universelle comme celui de la Russie, n'avaient plus de représentation active. Les Bourbons s'étaient placés tout particulièrement sous la protection du czar, et, malheureusement, un sentiment de reconnaissance qui faisait taire ou tenait dans l'ombre les vrais intérêts de la nation, préludait à une alliance qui laisserait livrée sans contre-poids possible l'Europe à la gravitation incessante et à l'ambition moscovite. Le mal s'accrut au congrès de Vérone, où la France montra toutes ses sympathies pour la Russie; il devint presque irremédiable après le déloyal massacre de Navarin, qui désarma l'empire ottoman, livra la mer Noire à la flotte russe et fit de Sébastopol la capitale de l'Orient, en attendant le jour où Constantinople ouvrirait au vainqueur du Nord un théâtre plus digne de l'empire universel.

Telle est la situation de toute l'Europe occidentale vis-à-vis de la Russie; telles sont aussi les fautes commises par les cabinets, et à la faveur desquelles la Russie a pu persister avec succès dans le rêve qu'avait fait briller à ses yeux le génie de Pierre le Grand, ravivé par l'imagination et les succès de l'impératrice Catherine. C'est en présence de cette situation et en rappelant aux puissances ces fautes, que se pose elle-même la question critique de la guerre et de la paix; et voici, à notre avis, et en deux mots, comment elle doit se résoudre :

Si les puissances allemandes ont compris que l'équilibre actuel de l'Europe est un mensonge, et que la Russie tend constamment à le rompre par une gravitation sans contre-poids, elles doivent énergiquement profiter de la situation pour remédier à un état de choses aussi précaire, c'est-à-dire, se coaliser pour refouler la Russie et lui faire accepter la paix à des conditions raisonnables. Je dirai plus : si l'Autriche seulement est d'accord d'un démembrement nécessaire de l'empire moscovite, les puissances alliées ne doivent pas faire la paix; elles doivent combattre la Russie, la vaincre, et conquérir à l'Europe des conditions à large base pour la confédération et la paix définitive.

En ce cas, la Finlande, la Pologne et la Bessarabie seraient détachées. On porterait les frontières du nord au Borysthène, ou bien de Viborg au golfe d'Onéga; le Niémen et le Bug les compléteraient.

Au midi, on poserait pour limites à la Russie le Dniester et les bouches du Danube. Elle conserverait sur la mer Noire les côtes comprises entre les bouches du Dniester et le Dnieper. Odessa, Nicolaïef et Sébastopol lui resteraient, ainsi que les nombreux ports de la mer d'Azof, et les côtes septentrionales de la mer Caspienne, qu'elle ne franchirait pas, cette mer redevenant libre à la navigation des peuples qui la bordent. La Russie ainsi limitée serait encore le plus riche des empires en territoire.

Quant à l'Europe occidentale, elle trouverait dans une semblable réforme un équilibre plus réel, et le moyen de refaire convenablement la carte de l'Europe. L'Autriche aurait enfin un libre débouché et un pavillon sur la mer Noire. La Prusse pourrait être agrandie, malgré le mauvais vouloir de son gouvernement, et plusieurs des autres États seraient appelés à profiter de la juste restitution qui aurait été exigée de la Russie.

Si, au contraire, la lumière n'est pas suffisamment faite dans les esprits des cabinets; si l'Autriche elle-même ne croit pas devoir aller aussi loin que nous l'indiquons, il est à désirer que la paix soit conclue sur la base des quatre garanties, interprétées de manière à assurer l'indépendance de la Turquie, ainsi que la libre navigation de la mer Noire, des fleuves et détroits, et aussi celle de la mer Caspienne, devenue aujourd'hui un lac russe, au préjudice des peuples d'Asie, que l'Europe a intérêt à protéger contre la Russie[1].

[1] Je veux consigner ici, à titre de mémoire uniquement, un plan que j'avais conçu dès longtemps, et auquel j'ai dû renoncer comme étant devenu inexécutable d'après la politique adoptée en dernier lieu par la France et l'Angleterre; il eût d'ailleurs exigé l'assentiment de l'Allemagne.

J'avais imaginé une *expropriation forcée* du domaine politique de l'empire Ottoman sur la terre d'Europe, avec une large indemnité pécuniaire payée à cet empire, qui eût porté dès lors sa capitale dans un lieu plus central que Constantinople et repris l'Égypte.

Ainsi la place était faite pour un remaniement territorial propre à compléter les circonscriptions nationales de l'Occident. Je voulais une Autriche puissante, appuyée sur les bouches du Danube, avec une issue au golfe de Salonique, et une autre qui lui eût été commune avec les États d'Allemagne au fond du golfe Adriatique, dont les rivages eussent borné son empire. Elle eût

La paix serait ainsi faite par une déférence de l'Angleterre et de la France à l'Autriche. Mais une grave responsabilité resterait à l'empereur François-Joseph et aux autres souverains de l'Allemagne en raison de l'avenir; car, si les lumières de la civilisation ne parvenaient pas à compenser les défectuosités matérielles que présente l'équilibre européen; si la Russie n'avait reculé que pour reprendre haleine et recommencer ses agressions, alors ces gouvernements se seraient donné le tort d'avoir, pour des sympathies d'étiquette, manqué une occasion décisive de pro-

abandonné ses possessions d'Italie et de Pologne. Je voulais Venise État libre, faisant partie de la confédération germanique.

La Prusse eût doublé son territoire du côté du nord, en le limitant aux bords du Rhin. Quelques États de la confédération auraient pu être agrandis dans ce remaniement tout pacifique et amical. Je voulais agrandir modérément le royaume de Grèce, évidemment trop petit. La Sardaigne se fût étendue sur le Milanais. L'Italie eût pu devenir un État indépendant ou une confédération de petits États. La Suisse eût gagné quelque chose de l'autre côté des Alpes; et on eût examiné quel avantage pouvait réclamer l'Angleterre, isolée du continent, pour prix de son consentement à ce remaniement de la carte d'Europe.

Enfin Constantinople, avec un territoire embrassant les Dardanelles et le Bosphore et une vingtaine de lieues de rivage de chaque côté, fût devenu un État neutre, capitale universelle, grand *forum* de l'Europe où eût siégé le *Congrès des nations*.

curer aux nations une paix définitive, et rendu nécessaire un suprême effort qu'il ne leur serait peut-être plus possible de diriger.

Telle est la double opinion que nous osons émettre dans la grave question soumise en ce moment aux hommes d'État les plus éminents, et à l'univers tout entier. Nous ne la donnons pour absolue ni dans un sens ni dans l'autre; car nous avons toujours pensé que, s'il convient de poser d'une main ferme les principes, il est sage d'être modéré dans leur application.

Mais, pour que la paix faite le mieux possible ait une garantie qui a manqué à tous les traités conclus jusqu'à ce jour, c'est le cas d'établir la confédération des États et l'institution du jury international. Quelle autre que cette institution peut surveiller d'un point de vue culminant la limitation des forces dans la mer Noire; arbitrer les difficultés complexes que présentera la liberté du Danube et des ports, et veiller à ce que les forces militaires des diverses puissances soient maintenues dans de certaines proportions? Par quel autre moyen, en un mot, suppléer à une vigilance de tous les instants sur la stricte observation des conditions du traité de paix? On me répond que chacune des puissances intéressées exercera la surveillance. Oui! les cabinets de Londres, de Paris, de Saint-Pétersbourg, s'observeront chacun de leur position excentrique; et, à la première infraction signalée par leurs agents respectifs, ces cabinets se remettront à parlementer par courriers se croisant dans tous les sens, c'est à-dire à recommencer d'embrouiller cet écheveau de fil que l'ancienne diplomatie s'est donné tant de peine à faire et défaire depuis bien longtemps, et qu'on a souvent fini par ne pouvoir plus dénouer que par le tranchant de l'épée. Ce ne serait rien faire que d'en rester à ce système précaire et suranné.

Espérons donc que, une fois la paix conclue, les cabinets se décideront à abandonner les errements de la vieille diplomatie, et que les plénipotentiaires qui auront l'insigne honneur de la donner à l'Europe se souviendront que le système de la confédération a été conseillé par le plus grand génie du siècle, en vue de mettre l'Europe occidentale à l'abri d'une invasion russe; et qu'il fut question il y a quarante ans au congrès de Vienne de l'établissement de *réunions périodiques*, fort analogues à un jury international.

CHAPITRE XVI

LES LÉGISTES, LES ÉCONOMISTES, LES SOCIÉTÉS DE PAIX ET LES RELIGIONS DANS LA QUESTION.

On nous répète fréquemment : Vous ne déciderez jamais les grandes puissances à adopter l'établissement d'une juridiction internationale..... Mais nous avons reçu aussi de si nombreux et de si précieux encouragements, qu'il nous est bien permis de persister dans l'opinion contraire. Tout ce qui est bon en fait d'institution vient avec le temps. La force des choses amène des résultats que la morale a été impuissante à produire par la persuasion.

Nous concevons sans doute que telle puissance qui se sent supérieure à d'autres se soucie peu d'une juridiction qui élèverait au-dessus d'elle son niveau ; non point, sans doute, que cette puissance nie la justice, mais parce qu'elle se croit assez juste elle-même pour n'avoir pas besoin d'une autorité supérieure à ses inspirations propres : en quoi elle fait tort cependant à un principe reconnu du droit des gens : l'égalité morale des États.

Ce n'est là, toutefois, qu'un sentiment naturel ; les puissances ne sont pas absolument indépendantes du progrès des lumières et des nécessités communes ; elles subissent les opinions qui les entourent, quand ces opinions, à force d'être bien fondées, sont devenues générales ; et nous sommes plus que jamais dans un siècle où les gouvernements ont besoin de s'identifier avec les besoins des peuples. Déjà tout le monde est convaincu que les sociétés ne peuvent plus vivre avec la guerre, et qu'un état de choses violent tend à suspendre, à tarir même les sources de la prospérité comme de la moralité publique. Les quarante années de cette paix imparfaite dont l'Europe a joui dans la première partie de ce siècle ont été une grande et décisive expérience. Les peuples ont pu se convaincre de la puissance de la paix pour l'amélioration du sort commun. Il est impossible, en effet, de ne pas reconnaître dans le développement acquis aux sciences, à l'industrie, aux relations commerciales, à la sympathie mutuelle des peuples, autant d'éléments qui tendent invinciblement à en perpétuer les bienfaits. Ces nations de tout temps divisées par les préventions et par la guerre, comme par le langage, et sur lesquelles depuis dix-huit siècles le génie du christianisme a soufflé des paroles de paix; ces nations, devenues plus éclairées, comprennent aujourd'hui que le but et le bonheur de la vie n'est pas de se haïr, de se dépouiller mutuellement et de s'entre-tuer; mais, au contraire, de s'aimer et d'échanger, par des relations régulières et volontaires, les moyens de bien-être et de jouissance donnés à chacune d'elles en particulier. Le bon sens universel proclame que ce qui est bon d'homme à homme est bon de peuple à peuple: amitié, respect, loyauté, mutuels services, et par conséquent société. Tout pousse les peuples vers ce but, ou plutôt tout les y attire, car déjà un tel état de choses apparaît à tout le monde comme la terre promise où l'humanité doit poser ses tentes, après son pèlerinage long et douloureux.

Des vérités si salutaires, toutefois, ont besoin d'être répandues. Il faut qu'elles le soient par les hommes du droit et les magistrats; par le commerce, qui chôme en temps de guerre en payant l'impôt; par l'agriculture, à qui elle enlève ses bras; par les familles, qu'elle décime douloureusement. Cependant personne, dans une question de cette nature, ne doit oublier que la guerre ne cessera d'être un fait irrésistible qu'après la réalisation d'un système de protection mutuelle, et qu'il y a pour les peuples des choses aussi essentielles que la paix : l'honneur, l'indépendance, la civilisation, qui ne doivent être compromis à aucun prix, ni rester exposés à aucun péril. Ce n'est pas, nous le répétons, par des sentiments efféminés que se résoudra le grand problème, mais par un sage recours aux moyens rationnels que nous exposons d'un bout à l'autre de cet écrit.

Il s'est établi aux États-Unis et en Angleterre des *sociétés de paix* dont le but consiste dans l'abolition, en principe, de tous les moyens violents, guerre et révolution. C'est par la puissance morale de la religion et par la démonstration de l'intérêt public qu'elles procèdent. Ces sociétés comptent cent mille membres, et parmi eux des hommes du plus haut mérite et dans les plus hautes positions. Elles sont riches du montant des souscriptions volontaires d'hommes qui mettent largement leur bourse au service de leurs convictions. Elles ont des comités permanents, des journaux, et convoquent de temps à autre des *meetings* ou congrès de propagation auxquels accourent par milliers les assistants. Enfin on les a vues, dans ces dernières années, sur le continent d'Europe, à Bruxelles, à Paris, à Amsterdam, aussi bien qu'à Londres, professer des idées favorables à la paix, à l'ordre, à l'union, à la liberté commerciale, recevant partout, des gouvernements et des populations, le plus cordial accueil. C'est assez dire le rôle et l'influence que peuvent avoir dans la question qui nous occupe les sociétés de paix.

Cependant (nous nous faisons ici un devoir de le dire hautement à ces honorables coopérateurs, après le leur avoir dit plus d'une fois en particulier) les sociétés de paix verraient compromis leurs généreux efforts si elles continuaient de subir la pression de deux sortes d'hommes qui semblent les dominer et les diriger. Les premiers sont des personnages d'une piété fervente qui ne veulent pas sortir du principe moral et absolu qui commande la paix, comme s'ils étaient des apôtres de l'Évangile chargés du rôle spécial de conserver intact le principe et de le tenir élevé au-dessus de toute transaction humaine. Les seconds sont uniquement inspirés par un esprit commercial dont la vue ne dépasse pas les bornes indiquées par leurs livres d'échéances. Il faut à ces messieurs la paix à tout prix. La Russie veut envahir Constantinople? La paix! La Russie étendrait sa domination sur les Indes, sur la Méditerranée? La paix! La Russie attaquerait Gibraltar et paraîtrait sous la tour de Londres qu'ils voudraient encore la paix! Or nous croyons pouvoir dire, et c'est notre devoir de dire qu'un semblable système est le comble de l'aveuglement, et que des hommes qui s'en font les organes se placent au-dessous et non à la hauteur où doivent être par l'intelligence de véritables *amis de la paix*. Si les sociétés de Londres et des États-Unis persistaient dans la voie où elles se sont laissé entraîner à l'occasion de la question d'Orient, elles feraient le plus grand mal à la cause qu'elles ont, comme nous, à défendre, et leur premier tort serait de l'exposer à la dérision.

Il ne suffit pas de principes généraux pour régler les affaires des sociétés humaines. La morale est rarement ignorée, mais elle est encore plus rarement suivie. Supposons, par exemple, cet axiome applaudi dans la bouche de l'abbé Grégoire par l'Assemblée nationale : « Un peuple doit agir à l'égard des autres comme il désire qu'on agisse envers lui-même. » Est-ce que cela avance beaucoup la solution dont le principe remonte à la hauteur de l'Évangile? Les casuistes, ainsi que nous l'avons vu, avaient tenu sur ce pied-là la question vers la fin du moyen âge; quelques-uns même l'avaient poussée beaucoup plus avant. Grotius parut, fonda l'école des transactions; la science du droit légal intervint, fit la part du démon, si je puis m'exprimer ainsi, et la voie du progrès fut ouverte à l'esprit humain pour ne plus rétrograder. On posa d'abord d'un pas prudent quelques entraves à la guerre; on lui contesta certains droits de l'humanité qu'elle envahissait; on lui en arracha plus tard d'autres, et peu à peu on créa et l'on agrandit le droit des gens aux dépens du droit de la guerre. Puis, le droit des gens étant reconnu, des hommes vinrent qui en déduisirent la nécessité d'une juridiction, en cherchèrent la forme et les garanties. Telle est la marche des vrais esprits dans la question qui nous occupe; telle est la situation où elle se trouve aujourd'hui. Vouloir la changer n'appartient point à des hommes sérieux et habiles. Nous supplions donc les hommes qui suivent les sociétés de paix ou en sont membres de vouloir bien prendre en considération ces observations tout amicales faites dans un but commun. Si ces sociétés persistaient dans leur sentimentalisme, elles pourraient, selon nous, faire dans leur patrie respective le rôle d'énervement que les premiers chrétiens jouèrent dans l'empire romain, sous l'influence d'un docteur célèbre dont nous avons parlé au commencement de ce livre, rôle indigne de leur patriotisme; mais bien certainement les sociétés de paix perdraient quelque chose de l'estime qui les a si honorablement accueillies, il y a quelques années, sur le continent.

Il y a aussi, dans la grande question de la paix et de la civilisation, un autre élément beaucoup plus puissant encore. Nous voulons parler des religions. Nous voudrions voir les religions prendre leur rôle au sérieux, non pas que nous les appelions à faire le rôle de stratégie scientifique et expérimentale que nous exigeons des sociétés de paix, mais au contraire à rester fermes dans le principe absolu de la paix, en commençant par en donner hautement l'exemple entre elles. Il n'est pas de calamité plus grande et d'exemple plus funeste que de voir les religions poser entre elles des barrières infranchissables et tenir les peuples séparés par des points de croyance toujours secondaires, et où l'ambition des hommes est suspecte de prévaloir. Le temps ne serait-il point venu, à l'occasion des affaires d'Orient qui émeuvent les religions comme les gouvernements, de rapprocher ces religions sorties, à des degrés plus ou moins éloignés, d'une source commune? Leibnitz, Bossuet, Richelieu, y avaient songé, mais à des époques infiniment moins favorables pour un rapprochement raisonnable.

Nous savons que les convictions, de part et d'autre, sont profondes; mais n'y aurait-il donc pas moyen, sans en humilier ni blesser aucune, d'établir, tout au moins, entre les religions dissidentes, un lien commun? Le catholicisme, le protestantisme, les religions grecque, juive et musulmane, ne sauraient-ils s'aboucher fraternellement dans des conférences ou conciles où ils examineraient leur situation réciproque et le chemin qu'ils ont fait depuis leur séparation? Et je ne dis pas pour s'y livrer à ces discussions de dogme qui, comme le dit Montesquieu, ne finiront qu'à la fin du monde, mais pour apprendre à se bien connaître, et apprécier mutuellement ce qu'ils entendent et peuvent faire chacun de leur côté ou en commun pour seconder, en ce qui leur paraîtrait bon, l'action des gouvernements ou l'impulsion des peuples. J'imagine que de telles conférences se ressentiraient du progrès des siècles, et se montreraient inspirées du désir de concourir à la pacification et à l'harmonie des nations; au lieu que, dans leur état d'isolement, les divers cultes nourrissent des ressentiments mutuels, et poussent volontiers les nations les unes contre les autres.

C'est là, je le sais bien, une grave question; je ne prétends pas la résoudre : chacune des communions a sa position prise, ses droits acquis. C'est pour cela surtout que je voudrais les voir poser ensemble leurs assises en présence des nations, et, en dehors de la politique, montrant concurremment aux yeux des peuples les bienfaits que chacune d'elles leur a procurés depuis la séparation, et qu'elle peut leur procurer encore.

S'il est vrai qu'il n'y ait pas de réunion possible, dans le sens vieux du mot, le seul fait du renouvellement des conciles établirait néanmoins un lien commun entre les variétés, et leur unité se verrait fondée sur cette déclaration de Jésus-Christ : « Lorsque vous vous réunirez plusieurs « en mon nom, je serai au milieu de vous; » ou cette autre : « Vous n'avez qu'un Seigneur et « qu'un Maître, qui est au Ciel. »

C'était là l'unité de l'Église chrétienne, l'unité spirituelle qui fit son fondement, sa gloire, son étendue, presque universelle dans les premiers siècles, et à laquelle avaient tant travaillé Tertullien et saint Cyprien. Elle peut exister avec la variété des communions et la diversité des formules au moyen desquelles chacune d'elles entretient dans les âmes l'activité religieuse, et s'efforce de pourvoir au maintien et au perfectionnement des mœurs. Cette variété, loin d'être nuisible, serait profitable, en établissant un concours de symboles rivaux, mais non point hostiles, dans un même but religieux et moral. Un tel lien, n'eût-il d'autre effet immédiat que de donner aux peuples le spectacle de la communion spirituelle des croyants qui se partagent l'Europe, et de faire cesser les malédictions réciproques répandues dans leurs enseignements et dans leurs prêches, serait encore un immense bienfait; car il les disposerait eux-mêmes et disposerait les gouvernements à les imiter.

Joseph de Maistre, qui fut un prophète confondant souvent le passé et l'avenir, mais dont l'imagination exaltée avait parfois les reflets du génie et constamment la bonne foi de l'honnête homme, a poussé, à l'aspect de la désunion des peuples, un cri lamentable qui est un reproche virulent aux religions : « Je demande, dit de Maistre, pourquoi les nations n'ont pu s'élever à l'état social comme les particuliers? Comment la raisonnante Europe surtout n'a rien tenté en ce genre? J'adresse en particulier cette question *aux croyants* avec plus de confiance : Comment Dieu, qui est l'auteur de la société des individus, a-t-il permis que l'homme, sa créature chérie, n'ait pas seulement essayé de s'élever jusqu'à la *société des nations?* Toutes les raisons imaginables pour établir que cette société est impossible militent de même contre la société des individus. »

Qui, de nos jours, répondra à une interpellation si vive et qui reste comme l'écho le plus douloureux des siècles? Les théologiens, ainsi que les diplomates, restent muets. Les intérêts seuls des peuples parlent et sollicitent, comme disait l'illustre captif de Sainte-Hélène, « la formation en Europe d'une *société nouvelle.* »

Les religions n'embrassent plus les affaires civiles ni internationales des peuples, politiquement parlant; mais elles forment toujours dans le sein des États l'atmosphère morale qui pénètre les hommes et les sociétés. Elles y restent dépositaires des grandes traditions qui sont l'origine et le fond des principes sociaux. Ce sont elles qui maintiennent intactes des souillures du monde les grandes vérités morales, qui sont les mêmes dans toutes, et qui ont la tâche de les faire vivre dans les esprits. Ne serait-il pas beau et honorable pour les religions, quand il y a menace de guerre, de les voir, chacune de leur côté, lever haut une bannière pacifique, comme celle de l'Évangile, et inviter les peuples et les princes à une sainte union? Et ne pourraient-elles pas joindre l'exemple aux paroles, et, dès aujourd'hui, chercher à fonder entre elles un lien commun, lien purement spirituel ou moral, qui peut se résumer par ce *caritas* qui fait le fondement et le charme du christianisme, et n'oubliant jamais ce haut précepte de l'Écriture : *Restez unis par les liens de la paix!*

Vivre dans la paix et la charité, leurs principes fondamentaux, c'est tout ce que peuvent les diverses communions qui se partagent les nations de l'Europe ; et n'adorent-elles pas le même Dieu?

Mais les hommes qui, par piété, souffrent de leur division et de la faiblesse morale qui en résulte ; les hommes politiques qui s'affligent de la division anarchique du pouvoir en spirituel et en temporel, et croient que l'autorité doit être une, doivent se pénétrer ensemble d'une vérité : c'est que l'unité ne peut se retrouver que par voie de transformation, et elle se retrouvera dans le congrès des nations que nous proposons.

Le congrès des nations une fois fondé, l'esprit religieux le pénétrera et y passera par une sorte de transmigration spirituelle, de même que les autres éléments de haute civilisation. Le monde européen sera ainsi rentré dans la voie ouverte par les conciles œcuméniques ; la civilisation aura retrouvé un centre, et le monde politique, comme le monde religieux, l'unité sans laquelle ils ne peuvent plus marcher qu'au milieu de tiraillements qui menacent de les briser.

Telle est l'universelle destinée ; le monde moral, ainsi que le monde physique, subit des lois de développement. Il y a des évolutions religieuses comme il y a des évolutions politiques s'opérant par transformation. Les dogmes eux-mêmes, immuables dans leur essence, ont leurs types organiques, et la pensée qui les représente prend une forme pour un temps; puis, quand la Providence a marqué l'époque de sa durée, elle en revêt une nouvelle plus en rapport avec l'esprit des siècles. Que les religions donc se montrent favorables à cette transformation qui aura lieu pour constituer l'unité politique; mais, de leur côté et à titre de bon exemple, qu'elles se visitent entre elles et s'aiment! En se connaissant mieux, elles reconnaîtront qu'une prévention mutuelle les a pénétrées à travers les siècles, alors qu'elles faisaient davantage partie de la politique et des passions humaines. Si elles ne peuvent se confondre dans un même culte, ce qui n'est point nécessaire, elles peuvent trouver l'unité spirituelle du haut de laquelle Dieu régit les cœurs, leur commandant l'amour et la paix. Il y a des besoins religieux des bords du Tibre à ceux de l'Indus; il y en a sur les monts glacés de la Sibérie et dans les déserts brûlants du Sahara. Ils sont partout les mêmes. Si les hommes de religion rapprochent leurs livres, ils seront frappés de leur conformité morale. L'Évangile retrouvera des parents dans les Védas des Indous, dans les Kings des Chinois, dans le Zend-Avesta des Perses et dans le Coran des Arabes, aussi bien que dans l'Ancien Testament, car l'Évangile est de tous les pays et de tous les temps, et doit faire un jour, sans aucune violence, la synthèse du genre humain.

FIN.

Printed in Dunstable, United Kingdom

91220043R00167